Johannes Reimer

EVANGELISATION IM INTERRELIGIÖSEN RAUM

Johannes Reimer

Evangelisation im interreligiösen Raum

francke

Über den Autor:
Johannes Reimer ist Professor für Missionswissenschaften an der Theologischen Hochschule Ewersbach und der University of South Africa. Er hat mehrere Bücher und Artikel zum Thema Evangelisation, Mission und Transformation geschrieben.

Bibliografische Information Der Deutschen Bibliothek
Die Deutsche Bibliothek verzeichnet diese Publikation in der Deutschen Nationalbibliografie; detaillierte bibliografische Daten sind im Internet über http://dnb.ddb.de abrufbar.

ISBN 978-3-86827-540-7

35037 Marburg an der Lahn
Umschlagbilder: © iStockphoto.com / monkeybusinessimages
& Renphoto pixabay: Fotocitizen
Umschlaggestaltung: Verlag der Francke-Buchhandlung GmbH / Sven Gerhardt
Satz: Verlag der Francke-Buchhandlung GmbH
Printed in Czech Republic

www.francke-buch.de

Inhalt

Abkürzungen

AfeT – Arbeitskreis für evangelikale Theologie der Deutschen Evangelischen Allianz

DEA – Deutsche Evangelische Allianz

em – Evangelikale Missiologie

LKWE – Lausanner Komitee für Weltevangelisation

LOP – Lausanne Occasional Paper

LXX – Septuaginta, erste antike Übersetzung des AT in die griechische Sprache

MBB – Muslim Background Believers

ÖRK – Ökumenischer Rat der Kirchen

RKK – römisch katholische Kirche

WEA – Weltweite Evangelische Allianz

Vorwort

Es begeistert mich, Menschen aus aller Herren Länder in meiner unmittelbaren Nachbarschaft zu entdecken. Neulich traf ich zum Beispiel in der Bäckerei, in der ich meine Brötchen kaufe, eine dunkelhäutige Frau, die tief in ein Tuch gehüllt war und Brot kaufte. Sie sprach gutes Deutsch, kam aus Nordafrika, bekannte sich zum Islam und war erst vor Kurzem in ein Hochhaus in unserem Stadtteil gezogen. In diesem Stadtteil leben immer mehr Ausländer. Viele von ihnen sind bereits seit Jahren in Deutschland, und manch einer zeigt auch schon mal stolz seinen deutschen Pass.

Unsere Gesellschaft wird multikulturell und multireligiös. Wie ein bunter Strauß wird der soziale Raum immer farbenfroher. Ich liebe diese Vielfalt, die Gott geschaffen hat. Ich liebe diese neuen Deutschen. Und zugleich erfüllen sie mein Herz mit tiefer Trauer, denn sie kennen Jesus, unseren Herrn und Erlöser, nicht.

Wir Christen, unsere Kirchen und Gemeinden haben eine Verantwortung für den Glauben in der Gesellschaft, auch und gerade da, wo diese Gesellschaft zu einem kulturell und religiös bunten Blumenstrauß geworden ist. Das Bewusstsein dafür scheint in der Kirche seit Langem vorhanden zu sein und sogar zu wachsen.[1] Wenn wir aber den missionarischen Erfolg der christlichen Gemeinden daran messen würden, wie viele Andersgläubige konvertieren, dann wäre das Ergebnis niederschmetternd. Menschen, die bei uns in Deutschland einer nicht-christlichen Religion nacheifern, bleiben der Kirche und damit auch dem christlichen Glauben fern.

Woran liegt das? Überzeugt unser Glaube nicht mehr durch theologische Schärfe? Ist unser Glaubensleben nicht attraktiv genug? Sieht man an uns Christen so wenig von dem herrlichen Glauben an den Erlöser der Welt? Oder sind wir sprachunfähig

---

1 Siehe in diesem Zusammenhang den Artikel: Missionarische Kirche 1996.

geworden? Wissen wir nicht, wie man Menschen aus anderen Religionen zum Glauben führt?

Vielleicht ist die Antwort ein bunter Mix aus all dem Gesagten. Jedenfalls ist es nur schwer hinzunehmen, dass diese bunte Schar an Menschen, die in unser Land gekommen ist, nur geringe Chancen hat, zum Glauben an Jesus Christus zu kommen. Dabei ist das Evangelium global gesehen in allen Kulturen und religiösen Räumen erfolgreich gewesen. Stephen Neill schreibt:

> „Allein das Christentum hat es erreicht, eine universale Religion zu werden. Das heißt nicht, alle Menschen seien Christen geworden. Es ist aber Tatsache, dass diese ursprünglich vorderasiatische Religion – von ihrem Ursprungsland deutlich geprägt – heute in beinahe allen Ländern der Welt ihren Platz hat; sie hat Anhänger in allen menschlichen Rassen, von zivilisierten Gebildeten bis zu den Ureinwohnern der unwirtlichen Wüste Australiens. Es gibt keine Religion in der ganzen Welt, die nicht eine gewisse Zahl von Konvertiten an das Christentum abgegeben hätte."[2]

Was steht also der erfolgreichen Evangelisation Andersgläubiger in unserem Land entgegen? Politisch werden wir ja keineswegs bedrängt. Diese Menschen leben in unserer Nachbarschaft und wir haben alle Möglichkeiten, sie auf Christus anzusprechen. Das tun wir vielleicht hier und da sogar, doch leider ohne sichtbaren Erfolg.

Die missionarisch gesonnenen Vertreter der Weltreligionen haben da schon mehr Erfolg. Man sollte sich nur einmal die rasante Ausbreitung fernöstlicher Spiritualität in unserem Land ansehen. Da fragt man sich schon, warum die Nachkommen Martin Luthers eine Religion vom Ganges mit ihrem Götterpantheon von mehr als drei Millionen Göttern in ihr Herz schließen, wohl wissend, dass unter anderem auch die Kuh oder der Elefant als Gott verehrt wird, während sich gleichzeitig nur wenige dieser Menschen dem Christentum, dem Glauben eines Martin Luther,

---

2 Neill 1990:14.

zuwenden. Oder: Es muss uns doch nachdenklich machen, dass junge Deutsche sich extrem konservativen und militanten Gruppen im Islam anschließen und sogar bereit sind, für Allah in den Heiligen Krieg zu ziehen und ihr Leben zu lassen.

Sollte man angesichts solcher Entwicklungen als Christ nicht neu nach Vollmacht und Überzeugungskraft suchen? Das sind wir doch unseren Kindern und den Einwanderern, die zu uns kommen, schuldig. Christen sollten die allgemeine Lähmung und die um sich greifende Unfähigkeit zur Evangelisation Andersgläubiger überwinden. Aber wie kommen wir aus dieser Erstarrung heraus?

Ich halte es da mit Jesus. Er hat einmal gesagt: „Ihr werdet die Wahrheit erkennen und die Wahrheit wird euch frei machen" (Joh. 8,32). Die Befreiung aus der Umklammerung der Erfolglosigkeit ist demnach nur möglich durch die Erkenntnis der Wahrheit. Und Wahrheit ist immer umfassend. Kann es sein, dass unser evangelistischer Misserfolg damit zusammenhängt, dass wir die Wahrheit über den Glauben und das Leben der Menschen, die wir für den Glauben an Jesus gewinnen wollen, gar nicht wirklich kennen? Kann es sein, dass sich unser Misserfolg vor allem aus Voreingenommenheit und Ignoranz speist? Kann es sein, dass der Satz des Apostels Paulus bezogen auf das Leben der Heiden auch für unsere Mission der Andersgläubigen gilt: „Sie sind dem Leben aus Gott entfremdet aufgrund ihrer Ignoranz und der Verhärtung ihrer Herzen" (Eph. 4.17-18)?

Nun, an Gott liegt es sicher nicht. Er hat uns verheißen, Evangelisation in der Kraft des Heiligen Geistes zu gestalten. Seitdem sein Geist auf der Erde ist, steht es fest, dass wir seine Zeugen sein können, bis an das Ende der Erde (Apg. 1,8). Nicht dass dieses Zeugnis immer mit evangelistischem Erfolg gekrönt wurde. Auch die Apostel erfuhren Ablehnung. Aber Ablehnung bedeutete nirgendwo Stagnation und geistliche Starre, wie wir sie heute beobachten. Das Zeugnis der Jünger Jesu war höchst dynamisch und vom Leben in Gott durchdrungen, selbst da, wo sie abgelehnt und verfolgt wurden. Wenn wir dieser Dynamik des Lebens aus Gott entfremdet sind, dann nur „aufgrund unserer Ignoranz und der Verhärtung unser Herzen". Es ist klar, wenn man die Menschen nicht wirklich kennt, wie will man dann erfolgreich mit ihnen kommunizieren? Unkenntnis führt automatisch zu einer pathologischen Kommunikation.

Dieses Buch basiert auf dem Grundsatz: Wer kommunizieren will, der sollte seinen Kommunikationspartner kennen. Alle Kommunikation, die nicht auf einer gemeinsamen Ebene der Gesprächspartner verläuft, ist bereits gescheitert, bevor sie begonnen hat. Deshalb werde ich zunächst das Phänomen Religion an sich und dann im ersten Durchgang jeweils jede Religion in ihrer Geschichte und ihren Grundsätzen vorstellen. Dabei kann es nicht um eine umfassende Darstellung der Weltreligionen gehen. Zu komplex sind diese Erscheinungen. Darüber hinaus gibt es ja bereits eine Fülle hervorragender religionswissenschaftlicher Veröffentlichungen zu jeder in diesem Buch diskutierten Religion. Die grundsätzlichen Einführungen sind jedoch notwendig, damit man den danach gewählten evangelistischen Ansatz versteht und entsprechend einordnen kann.

Die Wahrheit über den anderen zu erkennen, ermöglicht es dem Botschafter des Evangeliums, Wege verständlicher Kommunikation zu finden. Das ist so, als würde man Russisch lernen, um den Russen das Evangelium sagen zu können. Effektive Kommunikation kann nur im Kommunikationsfeld des anderen stattfinden. Je weniger unser Gegenüber versteht, desto größer werden die Missverständnisse und desto schwächer unser Beitrag. Diese einfache Erkenntnis zwingt uns immer wieder neu, nach geeigneten Methoden der Evangelisation und Mission zu fragen. Der bloße Appell „Konfrontiere Menschen mit Christus", wie das George Verwer, der Gründer von OM getan hat,[3] genügt da heute nicht mehr. Und George Verwer selbst ist wohl das beste Beispiel eines Menschen, der bereit war, die eigenen Grenzen zu überschreiten, wenn es darum ging, Menschen Jesus näherzubringen.

In diesem Buch versuche ich nach einer eher allgemeinen Einführung in die Religion Brücken zu bauen, die Christen helfen sollen, dem Andersgläubigen entgegenzukommen und, wenn mög-

3 Siehe dazu das Buch von George Verwer unter dem gleichnamigen Titel (Verwer 1972).

lich, sie auf den Glauben an Jesus Christus anzusprechen. Überall in der Welt finden diese Menschen zu Jesus. Warum also nicht auch in unserem Land? Dieses Buch will helfen, den Christen eine missionarische Sprache zu verleihen, die sie befähigen wird, über religiöse Grenzen hinweg mit anderen über Jesus zu reden.

Ich liebe die bunte Vielfalt der Menschen, ihre Kulturen und auch Religionen. Sie faszinieren und begeistern mich. Aber noch mehr liebe ich es, zu sehen, wie diese Menschen in dieser Vielfalt Jesus Christus, den Herrn und Erlöser der Welt, finden und ihn anbeten. Der Tag wird kommen, wenn aus allen diesen Völkern Menschen vor dem Thron Gottes stehen werden. Daran zu arbeiten, dass diese Vision in Erfüllung geht, ist mein Herzenswunsch.

Viele Menschen haben an diesem Wunsch in meinem Herzen gearbeitet. Ich denke da zum Beispiel an Josef, einen dunkelhäutigen Zuluevangelisten in Südafrika, der mich durch seine Liebe zu den Weißen begeisterte. Ich traf Josef Anfang der 90er-Jahre. Er hatte es sich zum Ziel gesetzt, den Weißen in seinem Land Gottes Liebe zu zeigen. Dabei hatte gerade Josef allen Grund, die Weißen zu hassen, hatten sie doch die Schwarzen durch das System der Apartheid jahrzehntelang unterdrückt. Auch Josef und seine Familie hatten viel Ungerechtigkeit und Leid erfahren. Jetzt zog er von einer reformierten Kirche zur anderen, von einem öffentlichen Platz zum nächsten und sprach die Weißen auf die Liebe Gottes an. Seine Geschichten zogen mich für Stunden in ihren Bann.

Oder ich denke an Musa, einen ehemaligen buddhistischen Mönch aus Nepal. Jahrelang ist er von einem buddhistischen Tempel zum nächsten gegangen. Er kümmerte sich um die Mönche, pflegte ihre Kranken und erlebte immer wieder, wie diese zum Glauben an Jesus kamen. Oder an Ahaman, einen lieben kasachischen Bruder. Seine Vorfahren waren Muslime und so zog es ihn zu den Muslimen, als er selbst zum Glauben an Jesus gekommen war. Hunderten von Muslimen hat Ahaman in Zentralasien den Weg zu Jesus weisen dürfen.

Josef, Musa und Ahaman sind nur drei meiner Brüder, die mir die Liebe Gottes zu Menschen anderen Glaubens ins Herz gelegt haben. Neben ihnen gab es viele andere. Und ihnen allen will ich mit diesem Buch danken. Bevor ich sie traf, sah ich nur die Schattenseiten ihrer Religion, ließ mich negativ über den antichristlichen Charakter der Religion aus, lehnte es ab, auch nur einen positiven Gedanken in ihre Richtung zu verlieren. Danach sah ich die Menschen mit ihrer religiösen Sehnsucht. Menschen, die nach Liebe und Geborgenheit suchten, die sich nach einer Begegnung mit Gott sehnten und nur selten wussten, wie das möglich ist. Und wer einmal diese Menschen als Menschen sieht und nicht als bloße Verehrer fremder Gottheiten, der wird nie mehr von ihnen lassen können. Mir ist es jedenfalls so gegangen. Und gerade deshalb habe ich mich entschlossen, nicht bloß ein sachliches Buch zu schreiben, nicht bloß aufzuklären und Tipps zum missionarischen Dialog zu liefern. Ich habe mitten in die sachliche Darstellung Erfahrungen eingeflochten. Zugegeben, Erfahrungen von Menschen sind subjektive Erlebnisse. Man kann sie nicht kopieren. Ja mehr noch, man sollte es auch nicht. Sie sind vor allem Zeugnisse von Menschen, die es gewagt haben, religiöse Grenzen zu überschreiten. Und solche Zeugnisse ermutigen. Und das will auch dieses Buch.

Es ist recht einfach aufgebaut. Nach den Einführungskapiteln zum Wesen der Religion und der Evangelisation stelle ich die jeweilige Religion vor und zeige dann mögliche Wege der Kommunikation des Evangeliums in diesem religiösen Kontext auf. Jedes dieser Kapitel schließt mit einem Praxisbeispiel, in dem ich Menschen zu Wort kommen lasse, dic selbst aus der jeweiligen religiösen Überzeugung zum Glauben an Jesus Christus gekommen sind. Darin beschreiben sie, welche Wege sie selbst in der Evangelisation ihrer Landsleute heute gehen.

Es ist mein Gebet, dass diese Einführung in die Evangelisation Andersgläubiger in unserem Land bald Früchte trägt. Sie ist für all diejenigen gedacht, denen die Mission der Andersgläubigen im Westen ein Anliegen ist. Sie sind Praktiker, meistens nicht so sehr an der Theorie interessiert. Sie fragen nach dem „How to do“ und versuchen, so schnell wie möglich zur Sache zu kommen. Doch wie die Praxis der Evangelisation Andersgläubiger tagtäglich beweist, bringen evangelistische Schnellschüsse wenig. Man gewinnt hier nur, wenn man sich auf einen Prozess einlässt, auf einen Dialog, der uns Argumente abverlangt und gleichzeitig mit Leben gefüllt sein muss. Deshalb bitte ich um Verständnis, wenn ich dem Praktiker etwas Theorie, Geschichte und Theologie der Religionen zumuten muss. Wie sonst wollte man die Wahrheit erkennen.

Wenn man ein Buch schreibt, dann steht man nie allein. Bücher werden über Begegnungen mit Menschen motiviert und inspiriert. So ist es auch mit diesem Buch. Ich bin all meinen guten andersgläubigen Freunden dankbar für das, was sie mich über ihre Religion gelehrt haben. Weil es euch gegeben hat, kann ich heute unbeschwert mit Menschen anderen Glaubens kommunizieren. Danke.

Von Herzen wünsche ich jedem meiner Leser solche Freunde, die nicht gleich abblocken, wenn wir Christen mit dem Wort des Evangeliums kommen. Und vielleicht hilft dieses Buch dabei, Irritationen zu vermeiden und weise Wege zu den suchenden Herzen zu finden.

Johannes Reimer
Im Frühjahr 2015

Kapitel 1:

Evangelisation im interreligiösen Raum – Rahmenbedingungen

1.1. Evangelisation im Angesicht der Krise

Mission und Evangelisation finden heute in einem krisengeschüttelten Kontext statt. Der christliche Glaube, den wir zu den Menschen anderen Glaubens zu bringen gedenken, verliert ausgerechnet auf seinem ureigenen europäischen Boden an Bedeutung. Noch nie zeigten die Menschen im Westen so wenig Interesse an der Kirche und ihrem Glauben wie heute. Das Wort vom Postchristentum macht die Runde. Der christliche Glaube ist in einer offensichtlichen Krise. Menschen verlassen zu Hunderttausenden die Kirche. Kirchendistanzierte für den Glauben zu gewinnen, ist äußerst mühsam geworden. Es gelingt nur mit größter Anstrengung, Interessierte in evangelistische Programme zu bewegen. Und Menschen anderen Glaubens, Muslime etwa, kommen in die entsprechenden Veranstaltungen der Kirchen erst recht nicht.

In einer solchen Situation über Evangelisation zu schreiben, ist wahrlich kein einfaches Unterfangen. Wenn ohnehin nichts funktioniert, dann lohnt sich bald auch das Reden darüber kaum. Oder doch? Kann es nicht sein, dass die Offenlegung der Ursachen für das schwindende Interesse am Glauben neue Wege zur Evangelisation der Entchristlichten aufzeigen kann? Und lassen sich daraus Erkenntnisse für die Evangelisation Andersgläubiger gewinnen?

Ich jedenfalls kann mir gut vorstellen, dass man jede Tür öffnen kann, wenn man erst einmal den verlorenen Schlüssel wiedergefunden hat. Und da die Schlüssel, die wir in unseren Händen halten, offensichtlich nicht zu den Herzen der Menschen passen, die wir für unseren Glauben zu gewinnen suchen, lohnt es sich zu fragen, was wir wo verloren haben. Freilich sollte derjenige, der nach dem Schlüssel sucht, auch in der Lage dazu sein. Möglicherweise sollte eine Kirche, die ihre Kraft verloren hat, zunächst nach den Ursachen ihrer Glaubensschwäche fragen, bevor sie sich um die Kommunikation mit Andersgläubigen bemüht.

Die westliche Kirche und ihre Mission stecken in der Krise. Der südafrikanische Missionstheologe David J. Bosch hat bereits 1991 neben der Säkularisierung und der „Entchristlichung" in der westlichen Welt den „religiösen Pluralismus" als Ursache der Krise genannt, der von ihm vor allem mit dem Scheitern der westlichen Theologie in Verbindung gebracht wurde.[4] Mit anderen Worten, die Kirche verliert an Glaubwürdigkeit, weil sie erstens wesentliche Bereiche des gesellschaftlichen Daseins verlassen hat. Glaube spielt für die Gestaltung des Alltags keinerlei Rolle. Erst recht nicht DER Glaube. Denn der westliche Mensch hält an seiner Freiheit fest, so glauben zu können, wie es ihm beliebt. Ein solcher individualisierter Glaube führt unweigerlich zu religiöser „Pluriformität". Was bleibt, ist letztendlich nur eine private Überzeugung, und die kann, je nach Biografie, sehr unterschiedlich ausfallen.

Wenn aber jeder seinen eigenen privaten Glauben leben und gestalten kann, welchen Sinn macht dann Mission? Die Krise des allgemeingültigen Glaubens, der sich auf ein Glaubensbekenntnis bezieht, führt dazu, dass Fragen nach dem Grund, den Motiven und Zielen der Mission gestellt werden.[5] Fragen, auf die Antworten gefunden werden müssen, wenn Mission und Evangelisation wieder gelingen sollen. Ein einfaches Zurück zu der Praxis der Vergangenheit, so Bosch, sei keine Option.[6]

Dafür hat sich die Welt, in der wir leben, zu sehr in ihrem Wesen verändert. Sie ist in mehrfacher Hinsicht komplexer geworden. Die Krise der Kirche und ihrer Mission ist also geprägt von der Verdrängung des Glaubens aus der Öffentlichkeit in den privaten Raum. Und die Theologie hat an dieser Stelle keine hilfreiche Rolle gespielt.

4 Bosch 1991:3-4.
5 Ebd.
6 Ebd:7.

Mit der Verabschiedung des Glaubens aus dem Lebensalltag der Menschen setzte zweitens, so Bosch, eine massive Entchristlichung ein. Millionen von Menschen sind aus der Kirche ausgetreten. Wir leben in einer nachchristlichen Welt. Und Millionen Andersgläubiger sind zu uns gekommen. Viele von ihnen sind mit dem christlichen Glauben gar nicht vertraut. Und wenn sie ihn kennen, dann nicht selten in jener Form, die von nicht wenigen Christen abgelehnt wird. Denn was sollen Muslime vom christlichen Glauben halten, der ihnen in Heile-Welt-Hollywood-Produktionen gespiegelt wird? Was sollen sie vom Frieden halten, der von Christen mit Vehemenz vertreten wird, wenn sie diesen Frieden im Kugelhagel westlicher Interventionen im Irak oder Afghanistan untergehen sehen? Freilich sind das alles Vorurteile. Und sicher sind wir, die bekennenden Christen, damit nicht gemeint. Aber wissen das die Andersgläubigen? Sie wissen es nicht! Und deshalb sehen sie auf alle Christen herab.

Und dann sind da nicht wenige, die selbst Chancen wittern, missionarisch zu werden. Was man noch vor wenigen Jahrzehnten kaum für möglich gehalten hat, wird wahr – Christen konvertieren zum Hinduismus, Buddhismus und Islam. Der religiöse Pluralismus ist nicht mehr länger ein globales, sondern zunehmend ein nationales Phänomen.

Bosch meint, dass die Krise des christlichen Glaubens im Westen von der Theologie ausgelöst wurde. Er appelliert daher für eine Erneuerung der Theologie. Entwicklungen, die durch theologische Festlegungen ausgelöst wurden, können durch neue Festlegungen umgekehrt werden. Und eine solche Umkehrung hat gerade in Bezug auf die Evangelisation der Andersgläubigen eine große Priorität. Ich werde mich deshalb zunächst mit der Frage nach der Evangelisation an sich beschäftigen. Damit lege ich ein theologisches Fundament für die Überlegungen zur Evangelisierung der Menschen aus anderen Religionen.

1.2. Evangelisation – was ist gemeint?

Wer Menschen für Jesus gewinnen will, der will evangelisieren. Aber was ist Evangelisation? Unser deutsches Wort Evangelisation entstammt dem griechischen *euaggelizesthai*, was im Neuen Testament so viel wie „die Gute Nachricht überbringen" heißt (siehe: Lk. 4,18f; Röm. 1,15). Evangelisieren bedeutet danach, eine gute Nachricht weiterzugeben. Dabei wird das Wesen des Aktes, nicht aber die Art und Weise, wie dieser zu geschehen hat, beschrieben. Es geht also um die Wiedergabe einer guten Nachricht, die im Neuen Testament näher definiert wird. Diese gute Nachricht ist (a) das Evangelium vom Reich (Mt. 4,23; 9,35); (b) das Evangelium Gottes (Mk.1,14; 1Thes. 2,2); (c) das Evangelium Jesu Christi (Mk. 1,1; 2Kor. 4,4); (d) das Evangelium des Evangelisten (2Kor. 4,3; 1Thes. 1,5); (e) das Evangelium für alle (Mk. 13,10; 16,15).

Damit wird näher beschrieben, wer der/die Sender des Evangeliums sind (Gott, Jesus Christus), die Überbringer (Evangelisten), die Adressaten (alle), und was sein Inhalt ist (Reich Gottes). Die Gute Nachricht, die hier weitergegeben wird, ist eine Nachricht, die das Reich Gottes ankündigt. Wo das Evangelium ankommt, wird die Königsherrschaft Gottes etabliert. Wo das Evangelium angenommen wird, da stellen sich die Menschen unter diese Herrschaft und vollziehen damit einen Herrschaftswechsel. Ab jetzt bestimmt Gott, wo es im Leben des Menschen langgeht. Evangelisieren heißt somit, Menschen unter die Herrschaft Gottes zu bringen! Und diese Herrschaft schließt alle Bereiche des Lebens ein.

1.3. Evangelisation als Prozess

Evangelisation ist somit ein Prozess der Hinführung des Menschen zu einem Leben unter der Herrschaft Gottes. Prozesse finden niemals beliebig statt, sondern unter bestimmten Voraussetzungen. Und die Evangelisation bildet hier keine Ausnahme. Einfach formuliert beschreibt ein Prozess, wer was mit welchen Mitteln und auf welches Ziel hin macht.

1.3.1. Gott wirkt durch die ganze Gemeinde

Evangelisation verlangt nach einem Projektleiter, der den Prozess kennt und steuert. Biblisch-theologisch gesprochen ist Gott dieser Projektleiter. Gott ist der eigentlich Agierende der Evangelisation in der Welt. Hans-Werner Gensichen hat recht, wenn er schreibt: „Wo Mission geschieht, geschieht Gottes eigenes Werk."[7] Freilich handelt er nicht allein. Gott verwirklicht seinen Plan durch Menschen, die zu seiner Gemeinde gehören. Die Gemeinde übersetzt das Evangelium für ihre Zeitgenossen und gibt ihm seine konkrete Gestalt in der Gesellschaft.[8] Evangelisation ist das „Herz und Leben der Gemeinde", wie Hans Kasdorf es so treffend ausdrückt.[9] Ihr Arbeitsplatz ist Evangelisation.[10] Sie sollte deshalb immer von ihrem missionarischen Auftrag her gedacht und gebaut werden.[11] Alles, was sie ausmacht, ist evangelistisch bestimmt. Wenn man so will, hat das Evangelium in der Gemeinde seine Gestalt gefunden, und zwar immer jene lokale Gestalt, die Gottes Wort Fleisch werden ließ und den Menschen verständlich wurde. Sie wird immer als gesellschaftliche Alternative, aber nie als Fremdelement wahrgenommen werden.

Die Gemeinde Jesu ist Gottes Agent der Evangelisation. Als ganze Gemeinde mit allen ihren Gliedern soll sie von ihren evangelistisch begabten Leitern zur Ausbreitung des Evangeliums angeleitet werden. Dabei hat jedes Glied am Leib seine eigenen Gaben und Fähigkeiten. Der eine kann helfen und dienen, der andere beten und unterstützen und der dritte reden und überzeugen. Wie der Körper des Menschen sich nur dann unbeschwert voranbewegen kann, wenn alle seine Glieder intakt und gesund sind und mitgehen, so auch der Leib Christi, die Gemeinde. Sie wird dann evangelistisch erfolgreich, wenn sich alle ihre Glieder für Evangelisation einsetzen. Koordination aller Gaben auf das

7 Gensichen 1971:80.

8 Herbst 2008:53.

9 Kasdorf 1976:127.

10 Ahn 2006:203f.

11 So unter anderem Rick Warren in seinem inspirierenden Buch „Kirche mit Vision" (1998:117).

eine missionarisch-evangelistische Ziel bewirkt Multiplikation.[12]

Freilich werden nicht alle Gaben gleichzeitig gebraucht, aber sie haben alle Bedeutung. Die Geschichte der Bekehrung von Mustafa macht das deutlich. Jahrelang arbeitete er mit seinem Freund, dem Christen Peter, im gleichen Betrieb. Er lernte Peter und dessen Familie gut kennen. Peter versteckte seinen Glauben nicht, aber er war auch nicht fähig, Mustafas Fragen zu beantworten. So willigte dieser eines Tages ein, Stefan kennenzulernen. Stefan würde die Fragen Mustafas besser beantworten können. Und tatsächlich, Mustafa war mit den Antworten von Stefan zufrieden. Auch Stefan hielt sich nicht für einen Evangelisten. „Ich kann zwar gut erklären, aber zum Glauben kann ich nicht führen", pflegte er zu sagen. Und so war es schließlich Johannes, der Mustafa eines Tages fragte, ob er sein Leben nicht Jesus geben möchte. Dieser willigte ein und das Wunder geschah. Drei Männer beteiligten sich am Prozess der Evangelisation Mustafas. Alle hatten ihren Anteil an der Bekehrung. Johannes half zwar als letztes Glied der Kette dem Mann über die Schwelle, aber sein Verdienst allein war es nicht. In anderen Fällen werden es noch viel mehr Menschen sein können. Alle Gaben des Geistes sind gefragt, wenn es um Evangelisation der Gemeinde geht. Erst recht im multikulturellen und multireligiösen Raum.

Man kann den Prozess der Evangelisation in drei wichtige kommunikative Phasen einteilen: (a) Evangelisation durch Präsenz, (b) Evangelisation durch Dialog, (b) Evangelisation durch den Ruf zur Umkehr.

1.3.2. Leben und Dienen

Evangelisation beginnt mit dem Leben in der Nachfolge Jesu. Jesus wurde Mensch, lebte unter uns, und dann sahen wir seine Herrlichkeit, wie es uns der Evangelist Johannes berichtet (Joh. 1,1-14). Und es sind sein Leben und seine Taten, die letztendlich

---

12 Ein hervorragendes Beispiel für dieses Prinzip stellt die in Nigeria beheimatete „New Life for All"-Bewegung. George W. Peters hat diese Bewegung in seinem überaus lesenswerten Buch: „Evangelisation – total, durchdringend, umfassend" vorgestellt. Siehe Peters 1977:99-159.

das Vertrauen der Menschen zu ihm und seiner Botschaft damals wie heute ermöglichen. Ohne Vertrauen werden Worte nicht ernst genommen, sondern in der Regel abgelehnt. Der amerikanische Spezialist in Missionskommunikation Marvin Mayers[13] fordert daher, jede missionarische Aktion mit der Frage nach dem *Basisvertrauen* zu beginnen. Wer sich um ein solches Basisvertrauen bemüht, der wird klären müssen, welches Verhalten, Reden, Tun in der Kultur Vertrauen schafft und welches nicht. Nur wenn ein Vertrauensverhältnis zwischen uns und den Menschen unserer Zeit hergestellt ist, kann ein Verhältnis zwischen dem Adressaten des Evangeliums und dem Evangelium entstehen.[14] Die Frage nach dem Basisvertrauen ist somit zentral und kann nicht umgangen werden. Von der Beantwortung dieser Frage hängt im Wesentlichen die Wahl der evangelistischen Instrumente ab. Und das Vorhandensein des Vertrauens entscheidet über den Erfolg der evangelistischen Bemühung.

Vertrauen gewinnt man nicht mit bloßem Reden. Jesus gewann das Vertrauen der Menschen, indem er ihnen diente. Für ihn stellte der Dienst das Herzstück seiner Mission dar. „Der Menschensohn ist nicht gekommen, um sich dienen zu lassen, sondern um zu dienen und sein Leben zu geben als Lösegeld für viele" (Mt. 20,28), sagte Jesus über sich selbst. Und entsprechend sahen auch sein Leben und seine Verkündigung aus. Er stand Kranken und Bedürftigen bei, kümmerte sich um Menschen in Not und sorgte sich sogar um fehlenden Wein bei einer Hochzeit (Joh. 2). Dieses Wunder der Verwandlung von Wasser in Wein nennt der Evangelist Johannes ein Zeichen, das Glauben wirken soll.

Ähnlich wie Jesus soll auch die Gemeinde Jesu ihr Licht in den guten Werken vor den Menschen leuchten lassen, damit diese ihre guten Werke sehen und den Vater im Himmel preisen (Mt. 5,16). Der praktische Liebesdienst am Nächsten ist eine unbedingte Voraussetzung zur Evangelisation.[15] Eine evangelistische Gemeinde

13 Mayers 1981:32.

14 Mayers 1981:33.

15 Siehe auch: Lk. 6,35; 1Tim. 6,18; Tit. 2,7; 1Petr. 2,12; Jak. 2,17 u. a. Siehe auch Bosch 1991:414; Dayton 1990:16.

dient den Menschen gern.[16] Petrus bringt diese Tatsache auf den Punkt, wenn er in Bezug auf die Andersgläubigen schreibt: „Und führt ein rechtschaffenes Leben unter den Heiden. Damit die, die euch verleumden als Übeltäter, eure guten Werke sehen und Gott preisen am Tage der Heimsuchung" (1Petr. 2,12). Wer Glauben erwartet, der sollte Werke vorleben, ist doch „der Glaube ohne Werke tot" (Jak. 2,17).

Evangelisation setzt somit das Liebeswerk voraus. Sie baut auf der Diakonie der Gemeinde auf und löst diese wiederum aus. „Diakonie und Mission stehen in einem engen Zusammenhang. Die Diakonie hat teil am Auftrag der Kirche, die Botschaft von der Liebe und Gerechtigkeit Gottes auszurichten und zum Glauben an Jesus Christus einzuladen", fasst die EKD-Synode in Leipzig 1999 zusammen.[17] Nur da, wo die Gemeinde ihre Nächstenliebe praktisch erfahrbar macht, entsteht Vertrauen. Es bildet die einzige Grundlage, auf der das Gespräch über den Glauben und damit Evangelisation stattfinden kann.

1.3.3. Gemeinschaft und Dialog

Gegenseitiges Vertrauen entsteht nicht über Nacht. Aber wenn es einmal entstanden ist, dann entstehen Beziehungen, die das Gespräch ermöglichen. Und das Gespräch ist die Grundlage für jede erfolgreiche Evangelisation. Wer Menschen dient, wer mit den Menschen lebt, ihre Nöte, Bedürfnisse und Sorgen teilt, wer nach Lösungen im Alltag der Menschen sucht und diese hier und da findet, der verschafft sich Chancen zum Gespräch. Loewen sprach an dieser Stelle vom Prinzip der Reziprozität und Partnerschaft,[18] die den Willen und die Bereitschaft beider Seiten beschreibt, von- und miteinander lernen zu wollen und in gegenseitiger Akzeptanz und Respekt zu leben. Wie sonst sollten Menschen mit uns über ihre Bedürfnisse reden, wenn sie uns nicht vertrauen. Und wie sollen Menschen uns verstehen, wenn wir nicht Worte und

16 Ahn 2006:110-116.
17 In Herbst 2008:10.
18 Loewen 1977:27ff.

Vorstellungen, Bilder und Symbole benutzen, die ihnen bereits vertraut sind.[19] Das Gespräch ist eine natürliche Folge eines gesellschaftstransformativen Dienens.

Evangelisation verlangt nach Hörern, die bereit sind zu hören. Wo niemand hört, da kann man auch nicht evangelisieren. „Niemandem kann man nicht predigen", diese Worte Rudolf Bohrens stehen gerade und vor allem für die evangelistische Predigt. Wer findet aber Hörer, wenn nicht derjenige, der Vertrauen bei den Menschen gefunden und gelernt hat, mit ihnen über ihre Alltagsnöte zu reden? Evangelisation geht somit Hand in Hand mit einer gewissen Gesprächskompetenz des Evangelisten und der evangelisierenden Gemeinde. Sie setzt einen eingeleiteten Dialog mit den Menschen voraus. Ein solcher Dialog beginnt mit den praktischen Fragen des Lebens und geht schließlich zu existenziellen Themen weiter. Wer mit den Menschen, die man erreichen will, nicht redet, kann sie auch für das Evangelium nicht gewinnen. Wer aber mit ihnen im Dialog steht, hat große Chancen, sie auch mit der Botschaft von der Erlösung in Christus zu konfrontieren. Freilich ist mit Dialog mehr gemeint als eine einmalige Unterhaltung. Ein Dialog setzt einen Prozess voraus, der die Bereitschaft wachsen lässt, voneinander hören und lernen zu wollen. Es ist niemals ein Monolog. Wer in einen Dialog einsteigt, der wird sich dem anderen auch persönlich öffnen. Loewen sieht sogar jedes Zeugnis als prinzipiell dialogisch festgelegt.[20] Wer Menschen gewinnen will, wird sie zuerst für sich selbst gewinnen müssen. Oder wie Loewen es sagt: „Wer andere kennenlernen will, der sollte sich selbst ihnen zu erkennen geben."[21]

Für eine evangelisierende Gemeinde bedeutet das heute auch, sich bewusst in der Gemeinwesenarbeit und ihren Initiativen zu engagieren. Hier sind alle Akteure im sozialen Raum im Gespräch miteinander. Der Dialog über Themen des Alltags läuft schon. Ist die Gemeinde kompetent und hat sie einen Beitrag zur Lösung

19 Solche Konzepte setzt uns die jeweilige Kultur, siehe Röm. 1,19-20; siehe Saayman 1984:41; vgl. auch Hardmeier 2009:92.

20 Loewen 1977:36.

21 Ebd:61.

konkreter Probleme im Gemeinwesen, so wird sie gehört, gefragt und eingeladen, bei der Umsetzung lebensrelevanter Fragen mitzumachen. Und der Erfolg der Umsetzung öffnet bald Türen, eigene und auch spirituelle Akzente im Gemeinwesen zu setzen. Was sonst würde man von einer Gemeinde denn erwarten?

1.3.4. Rufen und Verändern

Evangelisation will Leben verändern. Dabei geht es immer um die Menschen, sie sind das eigentliche Ziel.[22] Es geht um mehr als nur um eine bloße Vermittlung von Offenbarungsinhalten. Evangelisation will sicher, dass Menschen über Gott Bescheid wissen, aber das allein genügt nicht – sie sollen Gott kennenlernen und ihr Leben nach seinen Geboten ausrichten. Sie will Konversion und Transformation im besten Sinne dieser Worte.[23] Damit ist sie aber viel mehr als nur ein Beitrag zur Diskussion über Gott und die Welt, sondern ein Aufruf zur Bekehrung und Lebensveränderung. Sie mutet ihren Zuhörern eine radikale Neuorientierung in allen Lebensbereichen zu, eine „ganzheitliche Umorientierung, in welcher ein einzelner Mensch oder eine Gruppe das vergangene Leben neu interpretiert, die Abwendung von diesem vollzieht und das künftige in einem veränderten gesellschaftlichen Beziehungsnetz neu begründet und gestaltet".[24]

Evangelisation will einen Herrschaftswechsel im Leben des Menschen erreichen. Dabei ist der ganze Mensch gemeint, sein ganzes Leben, nichts wird ausgeschlossen, nichts ist belanglos, alles wird unter den Herrschaftsanspruch Gottes gestellt.[25] Wenn Evangelisation nicht mehr bekehren will oder wenn sie nur noch Teilbereiche des menschlichen Daseins meint, wenn sie sich auf rein spirituelle Inhalte reduzieren lässt, wenn sie aufhört ganzheitliche Umkehr und Buße zu predigen, dann hört sie auf Evangelisation zu sein. Wo Evangelisation ganzheitlich bekehrt, sind alle Lebens-

22 Werth 2004:247.
23 Herbst 2009:12; Johnson 1987:95f.
24 Bischofberger in Betz 1998:1228.
25 Vgl. Bardy 1988:171ff.

bereiche des Menschen betroffen und werden vom Evangelium verändert.[26] Das Reich Gottes gewinnt dann nicht nur „in uns“ Gestalt, sondern „mitten unter uns“ (Lk. 17,21)[27] und durchzieht dann konsequenterweise auch die „sozialen Strukturen, die Kultur, die Politik und die Wirtschaft“, um diese „auf Gottes Willen hin zu verändern“.[28]

Damit ist nicht der Weg zum Ziel, sondern das Ziel selbst beschrieben. Freilich geht es dabei um weises und nicht manipulatives Evangelisieren. Niemals darf sich Evangelisation zu einer manipulativen Propaganda hinreißen lassen, niemals seelischen und geistigen Druck ausüben. Menschen werden nicht in das Reich Gottes gedrängt. Wie fatal eine solche Haltung ist, hat die Geschichte der Christianisierung nur zu deutlich gezeigt. Menschen werden zu Christus immer durch Liebe gezogen. Und Liebe kennt keinen Zwang, auch keinen seelischen Zwang.

Damit bleibt das Ziel aller Evangelisation – Umkehr und bewusste Nachfolge Christi – unverrückt stehen. Ohne Konversion keine Evangelisation. Evangelistische Verkündigung muss mit O. Weber als „Kundmachung der Entscheidung Gottes, die zur Entscheidung ruft“[29], verstanden werden. Wo das Evangelium gelebt und gepredigt wird, da werden Menschen mit der Frage konfrontiert, ob sie ihr Leben ohne Gott leben wollen, und sie werden eingeladen, sich mit Gott zu versöhnen. „Evangelistische Verkündigung ist also nichts anderes als solche Provokation zur Antwort, Einladung zum Einverständnis und dringende Bitte zur Versöhnung. Sie zielt darauf, dass ihre Hörer Gottes rettendes Handeln als die ihr Leben bestimmende Wirklichkeit annehmen.“[30] Erst so kann eine umfassende Änderung ihrer Lebensverhältnisse einsetzen.

---

26 Reimer 2009:145.

27 Im Zuge der entsprechenden Übersetzung dieses Textes durch Luther ist man an dieser Stelle immer wieder zu einer individualisierenden Sicht der Wirkung des Evangeliums gekommen. Diese Übersetzung erweist sich jedoch beim näheren Hinsehen als falsch.

28 Hardmeier 2009:199.

29 Weber in Klaiber 1990:204.

30 Klaiber 1990:205.

1.4. Nachfolge Jesu als Ziel der Evangelisation

Evangelisation macht das Evangelium bekannt, jene „außergewöhnliche Botschaft"[31], die Leben schaffen und verändern will, wie George Peters sie nannte. Wer evangelisiert, fordert die Menschen zur Umkehr auf und begleitet sie auf dem Weg zu Gott, weil nur er uns Menschen erneuern kann. Und er tut das durch seinen Sohn Jesus Christus. Nur im Namen Jesu gibt es Heil. In Apg. 4,12 lesen wir: „Und in keinem andern ist das Heil, auch ist kein andrer Name unter dem Himmel den Menschen gegeben, durch den wir sollen selig werden." Und Jesus selbst spricht: „Ich bin der Weg und die Wahrheit und das Leben; niemand kommt zum Vater denn durch mich" (Joh. 14,6). Der christliche Glaube kennt nur einen Gott und nur einen Mittler zwischen Mensch und Gott – den Menschen Jesus Christus (1Tim. 2,4).

Keine andere Glaubensvorstellung und Religion der Menschheit kennt einen realen Weg zur Versöhnung des Menschen mit Gott. Nicht, dass man hier nicht über Heil und Erlösung spricht. In der Tat, alle Religionen dieser Welt versprechen dem Menschen spirituelle Freiheit und die eine oder andere Variante vom Heil. In der Regel sind diese Wege alle mit Versprechungen verbunden, die jenseits des realen Lebens liegen wie z. B. im Islam, oder die gar die Auflösung des Lebens an sich voraussetzen wie z. B. im Buddhismus und Hinduismus. Die Erfahrung der Erneuerung des Lebens im Jetzt und Hier verspricht und bietet nur der Glaube an Jesus Christus.[32] Und diese Verheißung wird von unzähligen Menschen durch die Jahrhunderte der Menschheitsgeschichte bestätigt.

Evangelisation, die diese Bezeichnung verdient, wird sich deshalb nicht auf Heilsspekulationen einlassen. Die Gemeinde Jesu hat nicht ein Angebot unter vielen. Das Evangelium ist keine Option. Sie wehrt sich gegen jede Relativierung des Heilsangebots in Jesus Christus. Die Botschaft vom Kreuz mag in den Augen der Zeitgenossen archaisch und unzeitgemäß klingen und für Torheit erklärt werden, aber sie ist für die Gemeinde der Nachfolger Jesu

31 Peters 1977:12.

32 Zur Auseinandersetzung mit der Vorstellung und ihren Folgen siehe: Hahn 1994:137-144; Hille 1993; Schirrmacher 1999; Bernhardt 1993; u. a.

Gottes Kraft zum Leben (1Kor. 1,18). Und wo immer Leben aus Gottes Hand geboten wird, kommt durch das Evangelium Erneuerung zu den Menschen. Das kann und muss gerade in Bezug auf die Evangelisation unterstrichen werden. Wer evangelisiert, der will die Abkehr des Menschen von seinen falschen Göttern und die Hinwendung zu Jesus, dem alleinigen Herrn. Ohne Herrschaftswechsel ist Evangelisation nicht zu denken.

1.5. Auf dem Weg zu den Menschen

Die evangelisierende Gemeinde führt Menschen zu Jesus. Und sie tut es, indem sie ihrem Meister in seiner Verkündigung zusieht und von ihm lernt, denn er hat sie gesandt, wie er selbst vom Vater gesandt wurde (Joh. 20,21). Seine Evangelisation begann mit der Inkarnation. Er, das ewige Wort Gottes, Gott in Person, wurde Mensch, lebte unter den Menschen. Und dann erkannten Menschen in ihm die Herrlichkeit Gottes (Joh. 1,1-12). Freilich kostete das unseren Herrn alles, sogar sein Leben (Phil. 2,5ff).

Die evangelisierende Gemeinde ist aufgerufen, so gesinnt zu sein, wie Jesus es war (Phil. 2,5). Jesus hielt es nicht für einen Raub, gottgleich zu sein, und lebte doch unter den Menschen und diente ihnen. Genauso werden auch wir als seine Nachfolger an einer totalen Hingabe an diesen Herrn nicht vorbeikönnen. Dieser Grundsatz lässt sich bei Paulus, dem großen Missionar und Evangelisten der Urkirche, ablesen. Er war bereit, den Juden ein Jude und den Griechen ein Grieche zu werden, damit er diese für den Glauben an Jesus gewinne (1Kor. 9,19ff). Seine Identifikation mit den Heiden handelte ihm großen Ärger bei den Juden ein und schließlich lieferten diese ihn den römischen Behörden aus. Gefängnis und schließlich das Todesurteil waren die Folge. Die Identifikation mit den Menschen, die man für Jesus gewinnen möchte, verlangt uns Opfer ab.

Eine evangelisierende Gemeinde wird sich in die Lebenswelt der Menschen begeben und sich ihrer Kultur weitgehend anpassen müssen. Evangelisation setzt grundsätzlich ein solches bewusstes Hingehen voraus. Sie ist von einer Geh-Struktur geprägt.[33] Theo-

33 Vergl. dazu den Missionsbefehl Jesu in Mt. 28,18ff.

logisch gesehen sprechen wir an dieser Stelle von der Inkarnation und Inkulturation des Evangelisten in die Lebenswelt der Menschen.[34] Ein solcher Prozess ist nicht ohne Opfer zu haben. Jesus gebraucht daher auch für seine Nachfolger die Bezeichnung Zeuge, griechisch *martys* (Apg. 1,8), ein Begriff, auf den das deutsche Wort Martyrium zurückgeht.

1.6. In der Kraft des Heiligen Geistes

Evangelisation setzt Hingabe voraus. Und totale Hingabe traute Jesus seinen Jüngern nur zu, wenn diese den Heiligen Geist empfangen. Er sagte ihnen: „Ihr werdet die Kraft des Heiligen Geistes empfangen, der auf euch kommen wird, und werdet meine Zeugen sein in Jerusalem und in ganz Judäa und Samarien und bis an das Ende der Erde" (Apg. 1,8). Man kann also eine solche Hingabe an den fremden Kontext, an die fremde Lebenswelt nicht aus sich selbst heraus aufbringen. Sie würde nicht lange halten, sondern sich bei den ersten Schwierigkeiten totlaufen. Es bedarf schon des Beistandes des Heiligen Geistes, um sich so für die Menschen hinzugeben.[35] Nur eine Gemeinde, die unter der Führung des Heiligen Geistes steht, wird letztendlich auch eine den Menschen zugewandte und hingegebene Gemeinde sein.

Stone beschreibt Evangelisation als „die Praxis des Heiligen Geistes".[36] Er ist es, der den Menschen Gaben gibt, die entsprechend der Vorgabe des Herrn in Diensten eingesetzt werden. So wirkt Gott Kraft und Frucht (1Kor. 12,4-6). Che Ahn schreibt: „Der Heilige Geist war schon immer Gottes Weg, sein Reich in dieser Welt sichtbar zu demonstrieren."[37] Und der Geist Gottes bedient sich dabei nicht nur rationaler Mittel, um das Evangelium vom Reich Gottes an die Menschen zu bringen, auch wenn er, um mit Jüngel zu sprechen, der „intimste Freund des gesunden

34 In der Inkarnation Jesu liegt einer der wichtigsten Schlüssel zum Verständnis der evangelistischen Durchdringung der Welt, siehe Kirk 1999:76.

35 Bosch 1991:453 bezeichnet den Heiligen Geist als den wichtigsten Agenten der Inkulturation. Siehe auch: Gensichen 1971:144; Hardmeier 2009:55-56.

36 Stone 2007:223.

37 Ahn 2006:128.

Menschenverstandes“ ist.[38] Er ist es, der durch seine Gegenwart der Gemeinde und ihren Evangelisten Geistesgegenwart verleiht.[39] Durch ihn wird die Verkündigung aktuell und lebensnah. Er ist der eigentliche Verkündiger, der eigentliche „Hermeneut des Wortes“, der das Evangelium in die Herzen und die Situation der Menschen übersetzt.[40]

Sein Wirken bedient sich des Wortes, wird aber auch von deutlichen Machterweisen seiner Gegenwart begleitet, die sich dem kritischen Verstand des Betrachters nicht immer rational erschließen. Der Apostel Paulus sprach an dieser Stelle von dem „Erweisen des Geistes und der Kraft“, die seine Predigt vom Kreuz begleiteten (1Kor. 2,1-5).[41]

Die Geschichte der Evangelisation ist voller solcher Machterweise Gottes.[42] Die Bestätigung der Verkündigung des Evangeliums durch Zeichen und Wunder begleitete sowohl den Dienst Jesu als auch den der Apostel im Neuen Testament, sodass Hans-Werner Gensichen das „Vollbringen der Machttaten“ Gottes neben den Auftrag zur Verkündigung im Dienst der Apostel stellt.[43] Ein Phänomen, das sich wie ein roter Faden durch die ganze Geschichte der geistlichen Erweckung zieht. Wo immer Gottes Reich in Vollmacht gepredigt wurde, geschahen auch jene Wunder, die der Mensch selbst nicht imstande ist zu tun.

Michael Green weist mit Recht darauf hin, dass Zeichen und Wunder als Begleiterscheinungen der Evangelisation unbedingt in der lokalen Gemeinde verortet werden müssen.[44] So kann die Erfahrung des übernatürlichen Wirkens Gottes bewusst seelsorgerlich begleitet und geistlich vertieft werden. Und damit wird jene ungesunde Euphorie vermieden, die in entsprechenden Kreisen

---

38 Nach Klaiber 1990:117.

39 Ebd.

40 Werth 2004:235.

41 Siehe auch 1Thess. 1,5; 1Kor. 4,19f).

42 Ahn (2006:128-130) verweist z. B. auf die großen amerikanischen Evangelisten Moody und Pierson, deren Dienst immer wieder von einer deutlichen Wirkung des Geistes Gottes begleitet war.

43 Gensichen 1971:70.

44 Green 1990:395-396.

allgegenwärtig ist, die nicht mehr Gott und die Beziehung zu ihm, sondern das Wunder und die damit verbundene Mystik sucht.

1.7. Evangelisation im Kontext

Evangelisation bringt das Evangelium in eine konkrete Situation der Menschen vor Ort. Die evangelisierende Gemeinde sieht sich damit herausgefordert, eine Ausdrucksform zu finden, die von den Menschen verstanden wird. Mit Menschen im Kontext zu kommunizieren heißt also, die Botschaft des Evangeliums in die Sprache und Kultur der Menschen vor Ort zu übersetzen. Wir nennen einen solchen Vorgang Kontextualisierung. Jürgen Schuster definiert Kontextualisierung wie folgt: „Ziel der Kontextualisierung ist eine Begegnung von Menschen mit dem Evangelium, bei der das Evangelium ihnen Antwort bietet, auf ihre spezifischen Fragen, anknüpft an ihrem Weltbild und ihren kulturellen Reichtum aufnimmt.“[45] Mit anderen Worten, im Prozess der Kontextualisierung suchen Evangelisten eine Botschaft, die auf die wirklichen Fragen der Menschen vor Ort Antwort bietet, und eine Sprache, die von ihren Adressaten verstanden und angenommen wird. Dabei ist es unwesentlich, ob man in Wort oder Tat verkündigt.

Evangelisation ist somit eine lokale Angelegenheit. Die Gute Nachricht ist da wirklich gut, wo sie auf konkrete Bedürfnisse der Menschen trifft. Und konkrete Bedürfnisse der Menschen entstehen im konkreten Lebensfeld unter konkreten kulturellen Bedingungen und verlangen nach spezifischen konkreten Lösungen.

Die Notwendigkeit einer kontextuellen Evangelisation bringt in besonderer Weise die Bedeutung der Ortsgemeinde ins Spiel. Sie ist es, die den Kontext der Menschen am besten kennen sollte, sie ist es, die unter den Menschen lebt, mit ihnen den gleichen kulturellen und sozio-politischen Raum teilt. Evangelisation ist deshalb primär die Aufgabe der lokalen Gemeinde. Nicht die begnadeten Reiseevangelisten sind die primären Agenten der Evangelisation, nicht die auf diesen Dienst spezialisierten Missionswerke, sondern die Ortsgemeinde ist am besten geeignet zu evangelisieren.

45 Schuster 2010:240.

1.8. Was ist interkulturelle Evangelisation?

1.8.1. Kulturüberschreitende Evangelisation

Evangelisation ist der Prozess der Veränderung des Menschen und seiner Umwelt in das ursprünglich von Gott vorgesehene Bild. Evangelisation ist der Bau des Reiches Gottes in der Lebenswelt des Menschen. Ist diese Lebenswelt kulturell anders gestaltet, müssen wir als Evangelisten Kulturgrenzen überschreiten, dann reden wir von interkultureller Evangelisation. Eine solche Evangelisation setzt auf der Seite des Evangelisten Kulturkompetenz voraus, damit meinen wir die Bereitschaft, sich in den betreffenden kulturellen Raum zu begeben und hier den Menschen zu dienen und mit den Menschen in einem kreativen Dialog nach Wegen zu suchen, die ihren Lebensraum verändern.

In dieser Arbeit gehen wir davon aus, dass jeder Kulturraum auf vier Ebenen gestaltet wird: der materiellen, der sozialen, der kognitiven und der religiösen Ebene.[46]

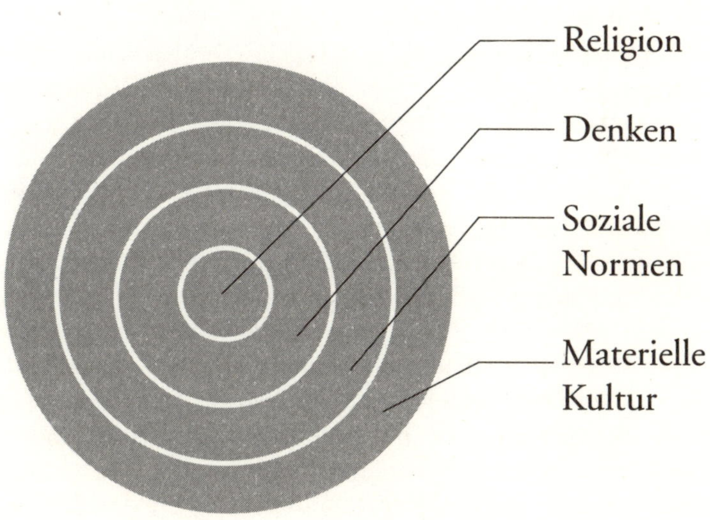

Ebenen des Kulturraumes

46 Siehe dazu die Darstellung in Reimer 2009:189-193.

Dabei laufen die Gestaltungskräfte einer Kultur von innen nach außen: Die Religion beeinflusst das Denken, das Denken setzt die Normen sozialen Verhaltens und diese wiederum finden ihre Gestalt in materiellen Objektivationen. Alle Kulturen sind somit letztendlich von der jeweiligen Religion abhängig. Will man dagegen den kulturellen Raum verändern, dann kann man sich ihm nur von außen nach innen nähern: Zuerst lernt man die materielle Kultur kennen, dann gewinnt man über soziale Kontakte Freunde, lernt ihre Denkstruktur zu verstehen und schließlich den Glauben zu erfassen, der alle Bereiche des Daseins bestimmt. Evangelisation zielt genau darauf – eine grundsätzliche Lebenswende im Betroffenen herbeizuführen. Wer zu Jesus kommt, der soll auch von Jesus in seinem Leben bestimmt werden.

Interkulturelle Evangelisation kann deshalb nur als Dialog und Konfrontation mit dem Glauben des Kulturraumes stattfinden. Man kann die Menschen in ihrem Lebensraum nicht an ihrer Religion vorbei evangelisieren. Damit wird interkulturelle Evangelisation auch als interreligiöses Gespräch und Evangelisation an Andersgläubigen qualifiziert.

Allerdings ist es nie einfach, bis zum religiösen Kern einer Kultur vorzustoßen. Kulturübergreifende Evangelisation wird sich auf allen vier Ebenen bewegen müssen, wenn sie den Menschen erreichen will. Und beginnen muss sie auf der Ebene des materiellen Daseins. Mit den Menschen leben, ihre materiellen Bedürfnisse und Nöte erkennen und mit ihnen nach Auswegen suchen – das schafft Vertrauen. Und ist erst Vertrauen gewonnen, dann werden sich Gespräche und Beziehung fast automatisch ergeben. Sind diese Gespräche alltagsrelevant und helfen sie dem anderen, so wird das Vertrauen gestärkt und es kann auch zum Diskurs über schwierige Themen kommen und bald auch über kontroverse Themen der Religion. Das in den ersten Phasen des dienenden Miteinanders gewonnene Vertrauen wird sicher der Konfrontation mit dem fremden Gedanken- und Glaubensgut standhalten. Und so kann dann schließlich evangelisiert werden. Hier sind die guten Werke, der diakonische Dienst ein erster Schritt der Evangelisation. Dadurch werden sichtbare Zeichen der Liebe Gottes zu den Menschen geschaffen, „gute Werke, die die Menschen sehen können“ (Mt. 5,16). Und von hier aus kommt man dann zum Gespräch über soziale Normen und Denkvoraussetzungen und dann schließlich zum sinnstiftenden Zentrum der Kultur – der Religion und dem Glauben!

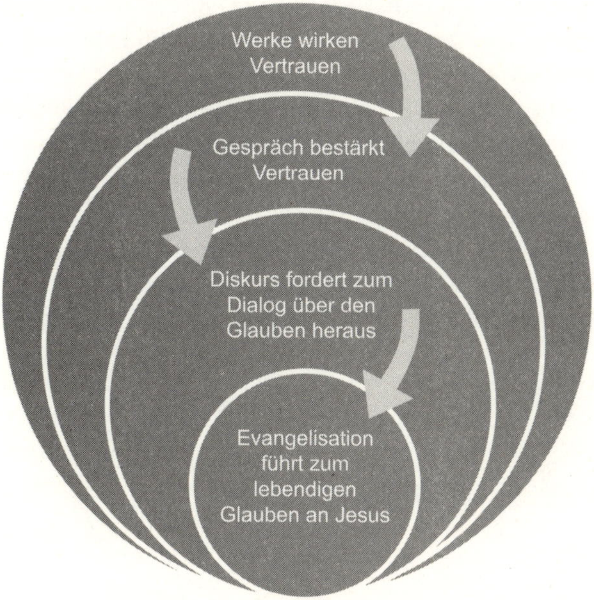

Prozess der Evangelisation in kulturell-religiösen Räumen

1.8.2. Menschen anderen Glaubens im Rahmen interkultureller Evangelisation erreichen

Wie evangelisiert man nun unter Menschen anderen Glaubens? Wie führt man sie in eine Beziehung zu Christus? Wie ändert man das religiöse Gebilde, dem sie verbunden sind? Die Antwort liegt im ganzheitlichen Vorgehen interkultureller Evangelisation. Dies ist ein Prozess, der präsentische und proklamative Elemente miteinander verbindet.[47]

47 Siehe dazu mehr in Reimer 2013:226-243.

Damit ein solcher evangelistischer Prozess auch greifen kann, müssen wir mit dem von der jeweiligen Religion erfassten Lebensraum vertraut sein. Erst wenn wir diesen Raum kennen, können wir adäquat evangelistisch vorgehen. Wie sonst wollen wir den Menschen dienen und ihr Vertrauen gewinnen, wenn wir ihre Bedürfnisse nicht kennen? Wie sonst wollten wir ihre Aufmerksamkeit gewinnen und hoffen, dass sie ein Gespräch mit uns eingehen, wenn uns ihre Alltagsthemen fremd sind? Wie wollen wir mit ihnen über den Glauben streiten, wenn wir diesen Glauben nicht kennen? In der Praxis bedeutet dies, dass wir uns den andersgläubigen Menschen, ihrem Leben und ihrer Religion und der von ihr geprägten Kultur zu stellen haben, diese kritisch bewerten und dann nach Wegen suchen, wie wir ihnen dienen, mit ihnen in einen Dialog treten und ihnen das Evangelium verkünden können. Auf den nächsten Seiten dieses Buches werden wir einen entsprechenden Prozess entlang der wichtigsten Weltreligionen durchdenken.

Kapitel 2:

Christen begegnen Menschen anderen Glaubens

2.1. Was ist Religion?

Menschen mit dem Evangelium zu erreichen heißt, ihr Lebenskonzept, ihre Kultur zu verändern. Religion bildet das Herz einer Kultur. Der interreligiöse Dialog verlangt nach einer soliden Kenntnis ihrer Religion. Wer Menschen anderen Glaubens mit dem Evangelium erreichen will, der wird sich unbedingt so weit wie möglich schulen lassen, um so jene Religionskompetenz zu erwerben, die ein sinnvolles Gespräch möglich macht. Was aber ist Religion?

Nahezu jede wissenschaftliche Disziplin hat eine eigene Definition von Religion vorgelegt. Zwischen den Vorstellungen eines Psychologen bzw. einer Psychologin und eines Soziologen und Theologen liegen oft Welten. Es ist nicht einfach, zu einer umfassenden Definition von Religion zu gelangen, ohne zugleich der Gefahr des Reduktionismus zu verfallen.[48] Und eine solche wittert man überall da, wo man Religion als Außenbetrachter zu erfassen, zu verstehen und schließlich zu definieren versucht. Der Wissenschaftler als objektiver Betrachter, der aus sicherer Distanz, sozusagen von außen, Religion studiert, kann sie nie in der Tiefe erfassen. Nur wenn man sich in das System selbst hineinbegibt, eine Binnenperspektive sucht, kann man die Komplexität des Phänomens ausgewogen darstellen.

Der Heidelberger Missionswissenschaftler Theo Sundermeier schlägt daher vor, eine ausbalancierte Definition von Religion zu suchen, die Religion als das wahrnimmt, was diese ist, und nicht,

48 Siehe hierzu die Ausführungen von Sundermeier 1999:25ff.

was sie von außen betrachtet darstellt.[49] Nach Sundermeier ist Religion „die gemeinschaftliche Antwort des Menschen auf Transzendenzerfahrung, die sich in Ritus und Ethik Gestalt gibt".[50]

Eine solche Definition ermöglicht ein Vierfaches:

a. Sie nimmt Religion als Phänomen *sui generis* ernst. Sie ist, was sie ist, und nicht, wie sie beim Betrachter ankommt. Die Binnenperspektive macht eine solche Festlegung möglich.

b. Sie definiert die Transzendenz nicht, bleibt somit berechtigterweise vage und ermöglicht somit, das für den jeweiligen Menschen Undefinierbare, Außersinnliche als solches auch stehen zu lassen.

c. Sie beschreibt Religion als gemeinschaftliches Phänomen. Der Glaube des Einzelnen wird in seiner Individualität nicht missachtet, sondern in seiner Sozialität gesehen. Und er ist „der Ritus, der die Gemeinschaft sucht".[51] Die entsprechenden Rituale machen Religion sichtbar und zugänglich. Sie beschreiben ihre inneren Inhalte und legen ihre äußere Architektur fest. Keine Religion kommt ohne solche symbolischen Zeichen und Handlungen aus.

d. Die Definition Sundermeiers beschreibt Religion als Gestaltungskraft und Handlungsmotor im Lebensgefüge des Menschen. Hierfür nutzt er den Begriff Ethik. Alle Religionen benennen Gut und Böse, Richtig und Falsch und setzen somit Parameter für gesellschaftliches Verhalten und Gestalten. Ethik ist ein essenzieller Bestandteil jeder Religion.

Wie wir später sehen werden, ermöglicht uns eine so formulierte Definition gerade in Bezug auf den Gemeindebau, aktiv Akzente zu setzen, die eine eher enge, rein theologische Definition unmöglich machen würde.

49 Ebd:26-27.
50 Ebd:27.
51 Sundermeier 1999:27.

Welche Elemente konstituieren eine Religion? Was gehört unabdingbar zu Religion? Wo muss man hin, was sollte man sich ansehen, wenn man eine Religion wirklich verstehen will? Religionswissenschaftler verweisen darauf, dass man folgende Religions-Konstitutiva unbedingt ins Visier nehmen muss, wenn man Religionen verstehen will:

Der heilige Ort. Alle Religionen werden an besonderen Orten praktiziert. Gemeint sind sowohl sogenannte Heilige Städte wie Jerusalem, Mekka oder jene Pilgerstätten, zu denen die Gläubigen gehen, blicken, sich hinwenden, um gehört zu werden, als auch die vielen Bethäuser, Tempel, Gebetsstätten, Altäre etc., die den Religionen jenen würdigen Platz geben, an dem sie praktiziert werden können. Am Ort der religiösen Praxis kann die Religion materiell erfasst werden.

Die heilige Zeit. Alle Religionen setzen besondere Zeiten fest, die allein der religiösen Praxis vorbehalten sind. Es gibt Zeiten für Meditation, Gebet, Fasten, Feiern. Es sind bestimmte Zeiten im Ablauf des Tages oder des Jahres. Solche Zeiten sind nicht beliebig und sie können auch nicht beliebig ausgetauscht werden. Ihre Einhaltung wird in der Regel strikt befolgt. Heilige Zeiten ordnen das Leben der Gläubigen in die Rahmenbedingungen einer Religion ein. Sie ordnen den Alltag und üben daher enormen Einfluss auf die Lebensgestaltung des Menschen aus. Solche gemeinsamen Zeiten religiöser Praxis lassen Rückschlüsse auf die Intensität der religiösen Bindung einer Kultur zu.

Rituale und Symbole. Rituale gehören fest zur religiösen Praxis. Dabei handelt es sich um standardisierte Akte religiöser Verehrung, die in festgesetzter Form, Zeit und Ort regelmäßig wiederholt werden. Zum Ritual gehören sakrale Sprache, Symbole und Gegenstände. In der Regel dürfen nur besonders geweihte Personen das entsprechende Ritual vollziehen. Die Profanisierung des Rituals oder der entsprechenden Instrumente des rituellen Aktes zieht entsprechende Konsequenzen nach sich.

Die meisten religiösen Akte werden an besonders für diesen Zweck erbauten oder hergerichteten Räumen und unter besonderen Voraussetzungen abgehalten. Dabei wird die sakrale und die profane Welt klar voneinander getrennt. Das geht bis in die äußere Erscheinung und Bekleidung der Teilnehmer. Ansonsten profane Utensilien, die zur Durchführung des Rituals notwendig sind, werden vorher geweiht.

Religiöse Rituale unterstützen die Basis-Glaubensvorstellungen einer Religion. Sie erinnern an die heiligen Wahrheiten dieser Religion und erneuern die Beziehung der Glaubenden zu ihrem Glaubensgebäude.

Mitunter gibt es auch Rituale, die nicht religiöser Natur sind. Doch gerade diese stiften oft den sozialen Zusammenhalt in einer religiösen Gruppe, der den Erfolg der Religion nachhaltig garantiert.

Gemeinschaft der Gläubigen. Religionen erfüllen eine große soziale Rolle. Zum einen definieren sie für den Menschen all jene Grenzerfahrungen des Lebens, die nach Erklärungen drängen wie Geburt, Tod oder die Existenz außersinnlicher Wahrnehmungen und Phänomene. Dann wiederum halten sie die Menschen in der Gruppe zusammen. Sie erklären und verstärken die kulturellen Normen des Gemeinwesens und definieren Grundlagen für die soziale Solidarität. In den meisten Gesellschaften bestimmen die Religionen über Gut und Böse. Hier werden Kriterien für soziale Kontrolle gelegt und gerechtfertigt. Man denke hier nur einmal an die gesetzstiftende Rolle des Korans im Islam.

Transzendenzerfahrung. Alle Religionen gehen von der Existenz supranaturaler Wesen und Kräfte aus. Man unterscheidet hierbei verschiedene Glaubensvorstellungen, die eher animatistisch, animistisch oder gottbezogen orientiert sind.

Animatismus (lat. *anima* = Seele) wurde von Robert Ranulph Marett (1866–1943) zur Bezeichnung von Glaubensvorstellungen gebraucht, die davon ausgehen, dass ansonsten unbelebte

Gegenstände und Dinge über eine Seele, d. h. Leben,[52] verfügen. Man hat den Animatismus auch Präanimismus genannt. Animatistische Vorstellungen sind heute noch im südlichen Pazifik weit verbreitet, so z. B. unter den polynesischen Stämmen. Animatisten glauben allerdings nicht daran, dass die beseelten Dinge über eine Persönlichkeit verfügen. Das tun die Animisten. Für sie besitzen alle Dinge eine Seele und damit auch eine Persönlichkeit, ja sogar ein Geschlecht. Nicht selten trifft man in diesen Kulturen auch auf den Glauben an die verstorbenen Geister der Verwandten, die nach dem Tod unter den Lebenden weiterexistieren und diesen sowohl Segen als auch Fluch zufügen können.

Von den animistischen Vorstellungen unterscheiden sich solche Religionen, die an die Existenz einer Götterwelt glauben, welche unmittelbar in die reale Welt der Menschen einwirkt und mit der sich der Mensch deshalb auch „gut stellen" muss. Wir unterscheiden zwischen polytheistischen, theistischen und monotheistischen Glaubensvorstellungen. Nicht selten werden diese Vorstellungen durch die Existenz untergeordneter, übernatürlicher Wesen ergänzt, so im Christentum durch den Glauben an Engel und Dämonen.

Religiöse Führer. Religionen sind geführte Phänomene. Menschen werden in ihrer religiösen Praxis angeleitet. Hierfür stehen im Grunde drei Typen von Leitern zur Verfügung: Schamanen, Priester oder Propheten. Die Schamanen findet man in stark spiritualisierten Religionen. Sie „verfügen" über Mittel und Wege, sich mit Geistern in Verbindung zu setzen, sie zu beschwichtigen oder von ihnen die erwünschte Hilfe zu bekommen. Schamanen erhalten ihr Wissen in der Regel von anderen Schamanen.

Priester dagegen verwalten die betreffende Religion. Sie kennen ihre Grundlagen und helfen den Menschen, im Rahmen der religiösen Forderungen zu bleiben und ihre religiöse Praxis recht zu gestalten. Priester werden von einer höheren religiösen Instanz eingesetzt bzw. ordiniert.

Propheten schließlich sind Träger göttlicher Offenbarungen. Sie

52 Käser 2004:20; siehe auch: http://de.academic.ru/dic.nsf/dewiki/80789.

„erscheinen" in der betreffenden Religion als charismatische Leiter und führen ihre religiöse Autorität auf die Offenbarung der Gottheit selbst zurück. Oft sind die Propheten religionskritische Gestalten, die eine Erneuerung der Religion und der Gesellschaft anmahnen.

Okkultismus. Die große Mehrheit der Religionen kennt Wege des Kontaktes und der Beziehung mit der übernatürlichen Welt. Nicht selten sind diese okkulter Natur. Eine der beliebtesten Methoden des Kontaktes stellt die Trance dar – Mystiker und Schamanen dieser Welt haben eine Fülle von Methoden entwickelt, um sich selbst in Trance zu versetzen. Solche Trance wird über Dauerfasten, Selbst-Kasteiung (Flagellation), Gefühlsisolation, über Atemtechniken, Meditation, Drogen oder rituellen Tanz erreicht.

Mediale Erfahrungen werden natürlich nicht nur über Trance gesucht und gefunden. Religionen verfügen nicht selten über ein ganzes Arsenal entsprechender mystischer und magischer Zugänge. Magie (grie. *μαγεία*, *mageía* für Zauberei, Gaukelei, Blendwerk) bezeichnet die Fähigkeit, Ereignisse, Menschen und Gegenstände auf übernatürliche Art und Weise zu beeinflussen. Magisch tätige Personen versuchen dabei durch Rituale und Beschwörungsformeln, die übernatürlichen Kräfte von Geistern und Dämonen freizusetzen. In der Praxis unterscheidet man zwischen schwarzer und weißer Magie. Unter weißer Magie versteht man eine Praxis, die auf die Wiederherstellung des Menschen zielt. Sie soll Schutz und Heilung bewirken und das Leben zum Besseren wenden. Dagegen bemüht sich die schwarze Magie um den Schadenzauber und versucht den Menschen zu verwünschen und zu verfluchen.

2.2. Wie nähern wir Christen uns einer Religion?

Wer nach einer Binnenperspektive eines Denk- und Erfahrungssystems fragt, wird nicht anders können, als in ein solches System einzusteigen. Man kommt also bei der Erfassung des Phänomens einer Religion nicht ohne partizipierende Beobachtung aus. Natürlich muss eine solche *Beobachtung von innen* in den Diskurs mit anderen *Beobachtungen von außen* gestellt werden. Theo Sundermeier unterscheidet daher auch zwischen „primärer und sekundärer Religionserfahrung".[53] Nur so erhalten wir ein weitgehend umfassendes Bild des Phänomens.

Sowohl die Innen- als auch die Außenerfahrung sind aber immer auch bestimmt von der Perspektive, die ein Beobachter einnimmt. Wir studieren die religiöse Gruppe im Interesse des missionarischen Gemeindebaus. Dabei bemühen wir uns, die Kultur und ihre Glaubensvorstellungen so umfassend wie möglich zu begreifen. Entscheidend hierfür ist der richtige Ansatz, und dieser wiederum hängt von unserem Religionsverständnis ab.

Wie gehen Christen mit den nichtchristlichen Religionen um? Diese einfache Frage wird auf recht unterschiedliche Art und Weise beantwortet. Während die einen dazu aufrufen, die Vielfalt der Religionen zu feiern, lehnen andere jede Begegnung mit den Weltreligionen ab. Für sie sind die nichtchristlichen Religionen dämonische Erscheinungen, und jeder Versuch, mit ihnen in einen Dialog zu treten, wird daher als potenziell gefährlich eingestuft. Diese ablehnende Haltung nennt man in der Theologie Exklusivismus und die weitgehende Akzeptanz Pluralismus. Manche Theologen versuchen zwischen diesen beiden Polen zu vermitteln und vertreten ein inklusivistisches Religionsverständnis.[54] Eine solche Haltung ist besonders in der römisch-katholischen Theologie verbreitet.

Gemeindebau im religiösen Kontext kann nur dann wirklich verantwortlich geschehen, wenn man das eigene Verhältnis zu diesem Kontext definiert hat. Wie Christen ihr Verhältnis zu der sie umgebenden nicht-christlichen Religion bestimmen, davon hängt im Wesentlichen die inhaltliche und die formale Gestaltung der im betroffenen Kontext zu gründenden Gemeinde ab. Um zu einer eigenen Position in der Frage zu gelangen, sehen wir uns die drei Grundhaltungen genauer an.[55]

53 Sundermeier 1999:34ff.

54 Siehe die Darstellung dieser Positionen bei Bernhard 2006.

55 Zum weiteren Studium des Themas siehe den ausführlichen Literaturbericht des Schweizer Theologen Reinhold Bernhard (Bernhard 2006).

Exklusivismus. Darunter verstehen wir jene Vorstellung, die den eigenen Glauben als allein wahr versteht und damit den anderen Religionen jeden Anteil an einer Heilsvermittlung abspricht. Die berühmte Sentenz des Kirchenvaters Cyprian *Extra ecclesiam nulla salus* (außerhalb der Kirche kein Heil) bringt diese Haltung auf den Punkt. Diese Formel wurde 1442 vom Konzil zu Florenz in dessen Jakobiner-Dekret übernommen und galt bis in die zweite Hälfte des 20. Jahrhunderts als offizielle Position der RKK. Das Konzil konstatierte:

> „Die Kirche glaubt fest, bekennt und verkündigt, daß niemand, der sich außerhalb der katholischen Kirche befindet, nicht nur keine Heiden, sondern auch keine Juden und Häretiker und Schismatiker des ewigen Lebens teilhaft werden können, sondern, daß sie in das ewige Feuer wandern werden, das dem Teufel und seinen Engeln bereitet ist (Mt. 25,41), wenn sie sich nicht vor dem Lebensende ihr angeschlossen haben, und daß die Einheit mit dem Leib der Kirche eine solche große Bedeutung hat, daß nur denen, die in ihr verharren, die Sakramente der Kirche zum Heil gereichen und Fasten, Almosen und die übrigen Werke der Frömmigkeit und Übungen des christlichen Kriegsdienstes ewige Belohnung zeitigen. Und niemand kann, wenn er auch noch so viele Almosen gibt und für den Namen Christi sein Blut vergießt, gerettet werden, wenn er nicht im Schoß und in der Einheit der katholischen Kirche bleibt."[56]

Die Entscheidung des Konzils zu Florenz spiegelt sich auch in den Worten von Papst Pius IX (1846–1878) wider, der in der zweiten Hälfte des 19. Jahrhunderts formuliert: „... diese frevelhafte und schädliche Vorstellung: der Weg des ewigen Heils lasse sich in jedweder Religion finden. Ohne jeden Zweifel müssen wir daran festhalten, daß es zum Glauben gehört, daß niemand außerhalb der römisch-apostolischen Kirche das Heil erlangen kann. Sie ist die einzige Arche des Heils, und wer nicht in sie eintritt, wird in

56 Denzinger 1999:1351.

der Sintflut umkommen."[57] Der römisch-katholische Exklusivismus ist damit eindeutig ekklesiozentrisch.

Im Protestantismus konzentriert sich die Frage nach dem rechten Heilsempfang dagegen auf die reformatorischen Grundsätze, die in den berühmten Sola-Sprüchen zum Ausdruck kamen (*sola fides, sola gratia, sola scriptura* und *solus Christus*).[58] So begründet beispielsweise Karl Barth (1886–1968) seine radikale Ablehnung der Heilsmöglichkeit in den Religionen aus seinem Verständnis der Religion als die Suche des Menschen nach Gott. Dieser Suche stellt er Gottes Offenbarung entgegen, die allein Gnade in Jesus Christus anbietet. Und nur Gnade vermag Glauben zu wirken. Die Abwesenheit der Gnade in der Religion resultiert für Barth in der Abwesenheit des Glaubens und damit auch des Heils. Damit kann es für Barth außerhalb des Christentums auch kein Heil geben, denn es ist der eine Name, durch den alle Menschen gerettet werden (Apg. 4,12), und das ist der Name des Christus.

Im Exklusivismus wird Heil und Heilsvermittlung in den nichtchristlichen Glaubensvorstellungen abgelehnt. Allerdings gibt es auch in exklusivistischen Kreisen unterschiedliche Meinungsschattierungen. Während der fundamentalistische Exklusivismus die nichtchristlichen Religionen als Konstrukte des Teufels versteht, vertreten viele Evangelikale eine eher moderate Haltung und beschränken ihre Ablehnung auf Fragen des Heils. Exklusivistische Positionen werden von der Mehrheit der Evangelikalen vertreten.

Inklusivismus. Er billigt anderen Religionen einen gewissen Anteil an Heilsbedeutsamkeit zu.[59] Das in den Religionen vorhandene Heil kommt, so diese Position, erst zu seiner ganzen Entfaltung im Christentum. Diese Position wurde in der vom Vaticanum II herausgegebenen Erklärung *Nostra Aetate* vertreten und ist wesentlich vom deutschen Theologen Karl Rahner (1904–1984) geprägt worden. Rahner nahm die von Hans Urs von Balthasar und die positive Haltung anderer zu den nichtchristlichen Religi-

57 Pio IX, Singulari Quadam, Acta Pio IX, III, S. 626.

58 Joest 2010:31.

59 Joest 2010:32.

onen auf.[60] Diese betrachteten die Religionen als Werk des nach Gott suchenden Menschen und sprachen von „Naturreligionen", die kein Heil kennen, ganz im Unterschied zum Evangelium, in welchem Gott selbst dem Menschen entgegenkommt und in Jesus Christus Heil anbietet. Das Christentum kann deshalb auch als übernatürliche Religion angesehen werden. Die Naturreligionen bereiten den Menschen auf das Heil vor. Sie sind eine Art „Altes Testament" für den suchenden Menschen, eine „Vorgeschichte des Heils". Das Heil selbst kann der Mensch aber nur durch die Begegnung mit Jesus Christus erfahren. Im Christentum finden alle Religionen ihre eigentliche Erfüllung. Mit seiner Theorie der Erfüllung ermöglichte Balthasar eine positive Verortung der Religionen.

Rahner nahm diese positive Grundhaltung auf und ging noch einen Schritt weiter, indem er auch in den nichtchristlichen Religionen einen positiven Heilswert erblickte. Seine Theorie geht von der Annahme aus, dass die allgemeine Geschichte der Menschheit prinzipiell als Heilsgeschichte zu deuten ist. Für ihn gibt es keine zwei Geschichten, sondern das Heilshandeln Gottes umfasst sowohl die Profan- als auch die Kirchengeschichte. Und weil Gott in Christus in der Welt wirkt, können Menschen auch außerhalb der Kirche Gotteserfahrungen machen. Alle Gotteserfahrungen in der Welt werden somit als Erfahrung der Gnade des einen, wahren Gottes und damit als Christuserfahrung qualifiziert. So können Menschen in ihren Religionen Christus begegnen, ohne zu wissen, dass es Christus ist, der ihnen da begegnet. Rahner unterscheidet hier zwischen einem vorläufigen Heilsweg für die nichtchristlichen Religionen und einem legitimen Heilsweg des Christentums. Dies bedeutet, dass Christen und Nichtchristen sich nicht mehr als Erlöste und Verworfene gegenüberstehen, sondern als gemeinsame Glieder der Menschheit, die dieselbe Gnade Gottes in Anspruch nehmen können. Rahner nennt diese Menschen „anonyme Christen" und ihren Glauben „implizites Christentum".[61]

60 Siehe dazu z. B. Karl Rahner, Das Christentum und die nichtchristlichen Religionen. In Dehn 2009:75ff.

61 Rahner 1965:545-554.

Rahner vertritt einen christozentrischen Inklusivismus. Seine Position legte das Fundament für die Erklärungen des Vaticanum II. Das Konzil bekräftigte, dass alles Gute und Heilige in den nichtchristlichen Religionen vom Geist Gottes gewirkt sei und daher von den Christen geachtet und geschätzt werden müsse.[62] Gott rettet die Menschen auf Wegen, „die Er allein kennt".[63] Und diese Wege führen nicht immer über die Kirche. Das Christentum ist zwar allen anderen Religionen wesentlich überlegen, weil hier Christus bewusst, explizit erfahren wird, aber ein exklusiver Heilsanspruch kann aus dieser Tatsache nicht abgeleitet werden.[64]

Die positive Annahme der Theorie Rahners auf dem Zweiten Vatikanischen Konzil bedeutet nicht, dass der Ansatz ohne Kritik blieb. Namhafte Theologen wie Hans Küng kritisierten den Ansatz, weil dieser versuche, einen Nicht-Christen „durch Umarmung zu erobern". Paul F. Knitter warnte, dass der Inklusivismus die Nichtchristen durch die Hintertür in die Kirche hineinführe. Der Inklusivismus sei in Wahrheit nur ein „abgeschwächter Exklusivismus".[65]

Pluralismus. Im Unterschied zu den beiden oben vorgestellten Positionen vertreten Anhänger des Pluralismus die Meinung, dass auch andere Religionen legitime und gleichwertige Wege zum Heil beschreiben und anbieten.[66] Das bedeutet allerdings nicht, dass man hier alle Religionen und alle religiösen Praktiken als gleichwertig ansieht. Einige Religionen, Kulte und Rituale werden als destruktiv eingestuft. Man darf demnach den Pluralismus nicht als Relativismus verstehen.

Als Leitfigur des theologischen Pluralismus gilt der britische Theologe John Hick.[67] 1973 lancierte Hick seinen Appell, in der Frage des Verhältnisses zu den nichtchristlichen Religionen eine paradigmatische Wende einzuleiten. Er will in dieser Frage eine

62 Nostra Aetate 2, Lumen Gentium 13.

63 Gaudium et Spes 22.

64 Siehe dazu: Bernhard 2006.

65 Ebd.

66 Joest 2010:31.

67 John Hick unterhält eine eigene Web-Seite: http://www.johnhick.org.uk.

Art „kopernikanische Revolution", eine totale Wende. Und diese sei nur zu erreichen, wenn man sich sowohl vom Ekklesiozentrismus als auch vom Christozentrismus verabschiede. Hick ruft auf, konsequent theozentrisch zu denken.[68] Nur wenn man Gott zum eigentlichen Zentrum jeder theologischen Auseinandersetzung mit den Religionen mache, ließen sich die Engführungen sowohl exklusivistischer als auch inklusivistischer Positionen überwinden, so Hick. Neben Hick hat sich vor allem Paul F. Knitter mit seinem umfassenden Werk zur Frage der Korrelation zwischen dem Christentum und den nichtchristlichen Religionen als theologischer Pluralist profiliert.[69]

Hick, Knitter und mit ihnen eine Reihe weiterer Theologen lehnen den Absolutheitsanspruch Jesu Christi in der Frage des Heils radikal ab. Damit erübrigt sich auch die Frage nach der hervorragenden Stellung des Christentums. Die christliche Religion habe sich einfach in den Chor der vielen Wege Gottes zum Heil einzureihen. Was sind nun die Hauptgedanken einer pluralistischen Position? Am Beispiel Knitters können diese gut verdeutlicht werden.

Paul F. Knitter geht in seiner Theorie zum einen vom Gebot der Nächstenliebe und zum anderen von der gegenwärtigen Lage der Welt oder, wie er es formuliert, vom „hermeneutischen kairos" aus. Wie kein anderer Begriff des Neuen Testaments stellt das Gebot der Nächstenliebe (Mt. 7,12) für Knitter das Proprium des Evangeliums dar. Nicht der Missionsbefehl, sondern das Gebot der Nächstenliebe bilde das Herz des Evangeliums. Wie wir Christen uns dem anderen gegenüber zu verhalten haben, sei in diesem Gebot Jesu festgelegt, nämlich „eine andere Person zu respektieren, zu ehren, in einfühlsamer Offenheit zuzuhören, was das Gegenüber sagt". Wenn Christen dem Andersgläubigen mit Hochmut und geistlicher Überlegenheit gegenübertäten, dann verletzten sie das Gebot der Liebe. Nicht die Mission, sondern die Nächstenliebe müsse das Verhältnis zum Andersgläubigen bestimmen. Diese Forderung sei gerade angesichts der gegenwärtigen weltpolitischen

68 Hick 1973:131.

69 Knitter 1988, 1994, 1997, 1998.

Lage von Bedeutung, so Knitter. Im Zuge der Globalisierung und einer wachsenden Toleranz sollte auch das Christentum den „hermeneutischen Kairos“ erkennen und das Verhältnis zu den anderen Religionen im Geiste der Toleranz und der gegenseitigen Wertschätzung aufbauen. Das sei auch allein deshalb angebracht, weil die Welt unterschiedlichen sozio-ökonomischen, politischen und ökologischen Gefahren ausgesetzt sei, denen es gemeinsam zu begegnen gelte. Für Knitter ist ein solches gemeinsames Vorgehen aller Menschen nur im Geiste des offenen Dialogs möglich, der jede Superiorität einer Religion über die andere ablehnt. Da das Christentum aber genau das mit dem Absolutheitsanspruch Jesu tue, müsse die christologische Frage neu gestellt und im Sinne einer pluralistischen Akzeptanz der Religionen beantwortet werden.

Bei der Lösung der christologischen Engführung der Hermeneutik bedient sich Knitter Gadamers. Danach sei der biblische Text nur im gegenwärtigen historischen Kontext richtig zu verstehen. Ändere sich der Kontext, so müsse sich automatisch auch das Textverständnis ändern. Der heutige Kontext verlange nach einem Konzept der Welterneuerung. Dieses findet Knitter in der Konzentration der Verkündigung Jesu auf das Reich Gottes. Jesus gehe es letztendlich um Gott und sein Reich. Von hier aus seien seine Theologie und seine Bedeutung zu interpretieren. Die messianischen Texte dürften nicht einseitig soteriologisch ausgelegt werden, was laut Knitter aber immer wieder geschehen sei und hauptsächlich für die exklusivistische Verengung der Christologie verantwortlich sei.[70] Freilich weiß auch Knitter, dass es im NT entscheidende Stellen gibt, die den Heilsanspruch Jesu deutlich unterstreichen. Er wischt sie mit dem Hinweis weg, dass es Bekenntnisse seien, die auf dem Hintergrund eines bestimmten historischen Kontextes zu interpretieren seien.[71] So entsteht aus der Feder Knitters ein theozentrischer Christus. Er ist einzigartig, aber nicht der Einzige. Er ist göttlich, aber nicht der einzig Göttliche. Sein Heilsweg ist nicht normativ und exklusiv, sondern universal und relevant. Knitter schreibt dazu wohlwollend: „Christen kön-

70 Knitter 1988:108.
71 Knitter 1988:119-125.

nen weiterhin der Welt verkünden, dass Jesus *wahrhaft* göttlich und der *Erlöser* ist, aber sie brauchen nicht mehr darauf zu beharren, dass er *allein* göttlich und der Erlöser ist. Wahrhaft, aber nicht allein."[72]

Diese Relativierung des Heils in Christus, so Knitter, sei unbedingt notwendig, wenn man einen offenen Dialog auf gleicher Augenhöhe mit den anderen Religionen führen wolle. Seine Ablehnung des Absolutheitsanspruchs Jesu begründet Knitter wie folgt:

a. **Intellektuelle Integrität**. Knitter verweist auf die heute in der Wissenschaft weitgehend akzeptierte Annahme, dass es keine absolute und letztgültige Wahrheit geben könne. Die Theologen sollten endlich „theologisch akzeptieren, was sie kulturell schon längst aufgenommen haben".[73] Die Aufgabe einer absoluten Wahrheit sei wissenschaftlich unumgänglich. Das aber könne nur bedeuten, dass eine solche Wahrheit auch nicht in Christus angenommen werden könne. Diese Folgerung sei nur konsequent und redlich, auch wenn sie einigen Theologen wie eine Ohrfeige vorkommen müsse.[74]

b. **Theologische Integrität**. Dem intellektuellen Argument fügt Knitter sein theologisches Argument hinzu. Jedes religiöse Bewusstsein, so Knitter, „sagt uns als Frucht der religiösen Erfahrung [...] mit noch größerer Gewissheit, dass die göttliche Wirklichkeit und Wahrheit ihrer Natur gemäß immer mehr ist, als irgendein Mensch begreifen oder irgendeine Religion ausdrücken kann".[75] Gott sei und bleibe dem Menschen ein Mysterium. Niemand könne sich anmaßen, Gott und seinen Heilswillen letztgültig erfasst zu haben. Knitter schreibt: „Die Anerkennung des Mysteriums Gottes, das von keiner Religion, keiner Offenbarung und keinem Erlöser festgehalten wer-

72 Knitter 1998:76.
73 Knitter 1997:158.
74 Knitter in Hick 1994:89.
75 Knitter 1997:160.

den kann, wird umso überwältigender und beziehungsreicher, wenn man mit vielen pluralistischen Theologen bedenkt, dass das Mysterium nicht etwas Ein-, sondern Vielfältiges, etwas Plurales ist!"[76] Jesus könne somit, bildlich gesprochen, nur *ein* Fenster in die Heilsökonomie Gottes sein, nie *das* Fenster!

c. **Ethische Integrität.** Die dritte Argumentationslinie gewinnt Knitter aus seinem dialogischen Imperativ. Die Situation in der Welt verlange nach einem gemeinsamen Vorgehen aller Menschen. Die Christen seien ethisch und moralisch verpflichtet, das Gespräch mit den anderen zu suchen, wenn unsere Lebensräume lebenswürdig bleiben sollten.[77] Die Verweigerung eines solchen offenen Dialogs seitens der Christen müsse zu einem Reuebekenntnis der Christen führen. Und eine zentrale Entscheidung in diesem Reuebekenntnis müsse es sein, den Absolutheitsanspruch aufzugeben. Er schreibt: „[...] So kann wohl kaum einer etwas vom anderen Partner lernen oder wirklich auf ihn hören, wenn er mit der Überzeugung in den Dialog geht, dass er Gottes letztes Wort oder das umfassende Kriterium aller Wahrheit besitzt."[78]

d. **Biblische Integrität.** Und schließlich verweist Knitter darauf, dass seine Ablehnung des Absolutheitsanspruchs Jesu auch biblisch integer sei. Allerdings verlange das nach einem pluralistischen Bibelverständnis, das weniger nach einer literarischen Interpretation des Textes fragt, sondern vielmehr den Sinn des Textes zu erfassen sucht. Und dieser sei gerade auf die Frage nach der Rolle Jesu im Rahmen einer theozentrischen Christologie vorzunehmen, die in der johanneischen Logos-Christologie ihren wichtigsten Ausdruck finde.[79]

Paul F. Knitter lehnt somit den Absolutheitsanspruch Christi ab.

76 Ebd.

77 Knitter 1997:161-163.

78 Knitter 1994:94.

79 Knitter 1994:97.

Nur so kann er sein Verhältnis zu den Religionen pluralistisch bestimmen. Das bedeutet nicht, dass alle Religionen damit gleich wären. Knitter nivelliert nicht, sondern konstatiert nur die Tatsache, dass jede Religion ihr eigenes Recht auf die Wahrheit über Gott habe, auch wenn diese Jesus Christus nicht kenne. Das Christentum behält auch im pluralistischen Modell seine Bedeutung. Knitter schreibt: „Im pluralistischen Modell behalten Jesus und sein Evangelium universale Bedeutung. Der Missionsbefehl bleibt bestehen. Pluralistische Theologen stellen also nicht die Frage, ob Jesus Christus universaler Erlöser ist. Sie fragen nur, ob er *allein* der universale Erlöser ist. Es ist ein Modell, das nach meinem Eindruck beides ist, ehrlich gegenüber dem Zeugnis des Evangeliums und ehrlich gegenüber den brennenden Fragen unserer Zeit. Ob ich damit recht habe, wird die theologische Diskussion der nächsten Jahre zeigen."[80]

Was machen wir Christen nun? Lassen wir uns von Hans Küng, dem bekannten Tübinger katholischen Theologen, einladen, uns auf eine „Spurensuche nach Gott und dem Göttlichen" in den Weltreligionen zu begeben[81], um so jenes Projekt Weltethos zu verwirklichen, welches uns nicht nur eine weltweite Einheitsethik, sondern auch das schlichte Überleben zu garantieren verspricht?[82] Feiern wir gar mit theologischen Pluralisten wie Paul F. Knitter eine weitgehende Akzeptanz der anderen religiösen Erkenntniswege als legitim und gleichberechtigt?[83] Gibt es nur einen Gott, der lediglich viele Namen hat?[84] Oder schließen wir uns all jenen an, die vor den Weltreligionen nichtchristlicher Prägung warnen? Wie kommen wir zu einem ausgewogenen Verständnis der Weltreligionen? Das ist eine Frage, die seit Jahrzehnten die Missiologen auf allen Seiten des Christentums beschäftigt.

80 Knitter 1997:166.

81 Zu diesem Thema ist sowohl eine mehrteilige Fernsehsendung des SWR als auch ein Buch erschienen – siehe Küng 1999.

82 Küng 1990.

83 Knitter 1997.

84 Has God many Names?, fragt Dewi Arwel Hughes in seiner Einleitung zu Religionsstudien (Hughes 1996). Seine Antwort erteilt dem Pluralismus eine deutliche Abfuhr.

2.3. Differenziert sehen – besser verstehen

Definitionen sind in der Regel auch eine Frage der Perspektive. Und die oben diskutierten Sichtweisen verraten nur zu deutlich die jeweils gewählte Perspektive des Betrachters. Um Einseitigkeit zu vermeiden, wäre eine Betrachtungsweise aus mehreren Perspektiven angebracht.

Peter Beyerhaus hat vorgeschlagen, alle Religionen aus drei Perspektiven zu sehen.[85] Erstens fänden sich in den Religionen Spuren göttlichen Wirkens – das fordere vom Betrachter eine theonome Sichtweise. Zweitens stellten alle Religionen das Bemühen der Menschen dar, sich dem Außersinnlichen und Transzendenten zu nähern. Beyerhaus spricht hier von der anthropologischen Sichtweise. Und schließlich seien alle Religionen auch einer dämonischen Korruption unterworfen. Sie müssten daher auch aus der Perspektive der dämonischen Verdrehung angesehen werden. Beyerhaus nennt sein Verständnis „tripolare Schau der Religionen“. Religionen entstünden und entwickelten sich im Koordinatensystem zwischen Gott, Mensch und Satan.

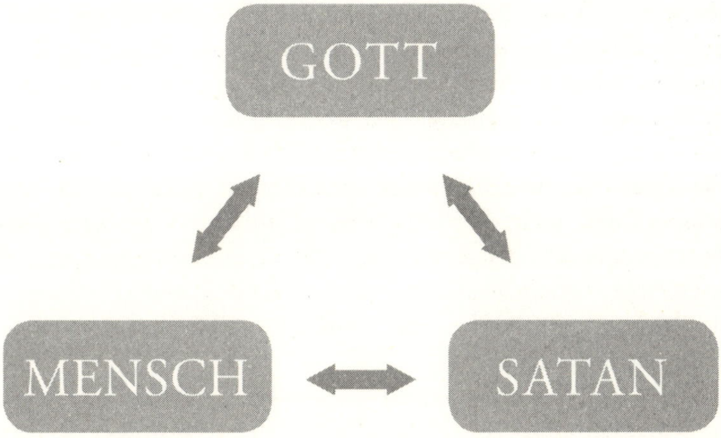

Koordinaten eines tripolaren Religionsverständnisses

85 Das Konzept ist in mehreren Publikationen vorgestellt worden. Siehe z. B.: Beyerhaus 1969,100-104.

2.3.1. Die theonome Dimension der Religion

Beyerhaus argumentiert wie folgt.

1. Die Menschheit hat eine gemeinsame Urgeschichte (Gen. 1-11) und dieser Urgeschichte liegt eine gemeinsame Urreligion zugrunde. Diese Urreligion ist im Wesentlichen monotheistisch gewesen. Man denke an dieser Stelle nur an Melchisedek, den geheimnisvollen König von Salem. Er wird als „Priester des höchsten Gottes“ bezeichnet (Gen. 14,18). Paulus findet im heidnischen Athen die Verehrung eines unbekannten Gottes. Noch heute finden wir Spuren des Glaubens an einen Urhebergott oder Hochgott in den Mythen der meisten Kulturen dieser Welt. Die Menschheit kann sich offensichtlich erinnern. Und diese Erinnerung wird nicht zuletzt von Gott selbst gefördert. Wird doch die Welt seit dem Bundesschluss Gottes mit Noah (Gen. 8,21) von Gott selbst erhalten (Apg. 14,16f), und zwar auf die künftige Erlösung in Jesus Christus hin (2Petr. 3,9). Menschen könnten Gott aus seiner Schöpfung erkennen (Röm. 1,21).

Als Schöpfer und Erhalter hat Gott dem Menschen das Gewissen verliehen, jene Instanz des menschlichen Seins, die über Sitte und Moral, Gut und Böse, Richtig und Falsch entscheidet. Der Apostel Paulus schreibt in Röm. 2,14-16 sinngemäß: Freilich gibt es Menschen, die Gottes Gebote gar nicht kennen und doch danach leben, weil ihr Gewissen ihnen das vorschreibt. Durch ihr Handeln beweisen sie, dass Gott ihnen seinen Willen in ihre Herzen geschrieben hat, denn ihr Gewissen und ihre Gedanken klagen sie entweder an oder sprechen sie frei. Was heute noch in den Menschen verborgen ist, wird einmal sichtbar und offenkundig werden, und zwar an dem Tag, an dem Gott die Menschen durch Jesus Christus richten wird.

Den Menschen ohne sittlich-moralische Richtwerte oder ohne irgendeine ethische Vorstellung gibt es nicht. Gott wird einmal am Jüngsten Gericht die Heiden nach der Einhaltung dieser Werte richten (Röm. 2,16). Religionen erhalten in dieser Welt die ethischen Forderungen Gottes und es erstaunt, wie dicht ihre Normen an den in der Bibel offenbarten Geboten Gottes sind (Röm. 2,14).

Es wäre daher nur folgerichtig, anzunehmen, dass Gott sich der Religion bedient, um in dieser Welt als Schöpfer und Erhalter seine grundlegende Ordnung aufrechtzuerhalten.

2. Gott, der Erlöser, erleuchtet auch Menschen in den Religionen. Gott kann in den Religionen als Schöpfer und Erhalter gesehen werden. Kann er in den Religionen auch als Erlöser erkannt werden? Die Vertreter der inklusivistischen Position verweisen an dieser Stelle auf den Johannes-Prolog (Joh. 1,1ff). Hier wird über den präexistenten Logos, der in Jesus Christus Mensch wurde, gesagt, er sei „das wahre Licht, das alle Menschen erleuchtet, die in diese Welt kommen" (1,9). Damit wird deutlich, dass alle Erkenntnis von Gott letztlich auf Gottes Wort zurückgeht. Was immer in den Religionen als wahr und richtig erkannt wird, kommt letztendlich von Gott dem Erlöser. Ist Christus in den Religionen aktiv? Von Johannes her kommend können wir das nur bejahen. Sind damit auch die Religionen Heilsbringer im Sinne des Evangeliums? Wohl kaum. Der Johannes-Prolog macht deutlich, dass das Licht des Logos in der Finsternis scheint (1,5), und „die Welt hat es nicht begriffen". Nein, die Religionen bieten kein Heil an, aber in den Religionen wirkt Christus als der *logos spermaticos,* eine Erleuchtung, die die Annahme der Heilsbotschaft in Jesus Christus möglich macht. In diesem Sinne finden wir in den Religionen Mythen, Vorstellungen und Rituale, die den biblischen erstaunlich nahe sind und eine weitgehende Kontextualisierung des Evangeliums ermöglichen.

In diesem Zusammenhang sind besonders die unterschiedlichen Erfahrungen von Nichtchristen mit Jesus-Offenbarungen zu nennen. Mir ist es im evangelistischen Dienst immer wieder passiert, dass Menschen anderen Glaubens mich auf eine Jesus-Erscheinung ansprachen und mich baten, ihnen diese zu erklären. So zum Beispiel am Rande einer Evangelisation im Südwesten Deutschlands. Die junge Frau stürmte regelrecht unseren Besprechungsraum, wo ich gerade mit mehreren entscheidungswilligen Menschen nach dem durchgeführten evangelistischen Abend sprach. „Kennen Sie Isa, den Messias?", wollte die Frau von mir wissen. Sie sprach mit schwerem Akzent und sah von ihrem Erscheinungsbild wie eine Muslima aus dem arabischen Raum aus. Ich bejahte. „Dann führen Sie mich zu ihm!", forderte sie mich auf. Im anschließenden Gespräch, in dem ich ihr Jesus und seine Heilstat am Kreuz erklärte und sie meine Einladung annahm, ihr Leben Jesus zu geben, berichtete sie mir, dass Jesus ihr am Abend zuvor erschienen sei, ihr die Adresse und das Haus gezeigt und meinen Namen genannt habe. Sie sollte zu mir kommen und ich würde ihr erklären, wie man ein Leben mit ihm beginnen könne. Auf meine Frage, ob sie denn bereits vorher etwas mit Christen oder auch mit mir und der Gemeinde, die die Evangelisation in den Räumen eines Altenheims durchführte, zu tun hatte, antwortete die junge Frau: „Nein, noch nie. Ich habe zum ersten Mal eine Kirche besucht, ich habe noch nie etwas von Ihnen gehört und ich war auch noch nie an diesem Ort." Trotzdem war ihre Entscheidung für Jesus nicht nur echt, sondern erstaunlich tief. Hätte ich zum ersten Mal eine solche Erfahrung gemacht, so hätte ich wahrscheinlich große Mühe gehabt, ihr zu glauben. Aber es war nicht die erste. Und auch diese anderen Begegnungen sprachen dafür, dass Gott selbst Menschen, die ihn suchen, auf merkwürdigen Wegen zu seinem Evangelium führt.

3. Der Geist weht, wo er will. Spätestens seit der Vollversammlung des ÖRK in Canberra 1991 beherrscht die Frage nach der Rolle des Heiligen Geistes in den nichtchristlichen Religionen die ökumenische Diskussion. In der Tat spricht die Heilige Schrift in mehrfacher Hinsicht vom Wirken des Heiligen Geistes in der Welt. Gottes Welthandeln ist auch ein Handeln von Gottes Geist in der Welt! Niemand macht das so klar und deutlich wie Jesus selbst. In Joh. 16,8-11 sagt er über den Geist, den er seinen Jüngern verspricht: „Und ist er erst gekommen, wird er den Menschen die Augen für ihre Sünde öffnen, für Gottes Gerechtigkeit und sein Gericht. Ihre Sünde ist, dass sie nicht an mich glauben. Gottes Gerechtigkeit zeigt sich darin, dass er sich zu mir bekennt und ich zum Vater gehe, wenn ihr mich dann auch nicht mehr sehen werdet. Und Gottes Gericht werden die Menschen daran erkennen, dass der Teufel, der Herrscher dieser Welt, bereits verurteilt ist."[86]

Nach Jesus ist es der Heilige Geist, der den Menschen ihre Sünde des Unglaubens vor Augen führt und sie über die Gerechtigkeit Gottes und das Gericht belehrt. Es wird deutlich, dass diese Aktivität des Geistes auf die Offenbarung des Erlösers selbst ausgerichtet ist. Der Geist Gottes führt zu Jesus!

Und er tut es, indem er zur Wahrheit führt. Jesus nennt ihn den „Geist der Wahrheit" (Joh. 14,17). Und da Jesus selbst die personifizierte Wahrheit ist (Joh. 14,6), kann er die Menschen auch nur zur vollen Erkenntnis Jesu führen. Ein wie auch immer definiertes Wirken von Gottes Geist, das nicht auf die Jesus-Offenbarung ausgerichtet ist, erscheint mir aus biblisch-theologischer Sicht problematisch.

Sicher haben diejenigen recht, die darauf verweisen, dass der Geist Gottes der prinzipielle Lebensspender sei und der Schöpfer sich seiner bediene, um dem Menschen den Odem zu geben (Gen. 3). Und sicher ist es der Geist Gottes, der den menschlichen Geist wesentlich zu dem werden lässt, was er am Ende ist. Aber kann man daraus ableiten, dass alle Geistesbewegungen in dieser Welt und auch in den anderen Religionen Bewegungen des einen Geistes Gottes sind? Wohl kaum. Die schöpferische Kraft des Geistes findet bestimmt auch in den Religionen der Menschen ihren Ausdruck, aber erkennen und instrumentalisieren können diese den Geist Gottes nicht. Ausdrücklich sagt Jesus: Die Welt kann ihn nicht erkennen (Joh. 14,17).

Wir fassen zusammen:

a. Gott wirkt auch in den nichtchristlichen Religionen. Und auch in den nichtchristlichen Religionen wird Gutes und Richtiges erkannt. Allem voran gestaltet Gott durch die Religionen jene Ordnungen und Normen, die das Zusammenleben der Menschen miteinander garantieren. Über Heil kann man in den nichtchristlichen Religionen nur im Sinne von Wohl reden.

86 Zit. nach „Hoffnung für alle".

b. Das Wirken Gottes in der Welt bereitet die Welt und damit auch die Vertreter unterschiedlicher Religionen auf die Begegnung mit dem Heil Gottes in Jesus Christus vor. Das Licht des Christus erleuchtet sie und der Geist Gottes überführt sie und führt sie zu dem Einen, der allein Heil zu geben vermag – Jesus Christus!

c. Weil Gott in den Religionen wirkt, kann das Evangelium an ihre Vorstellungen und Riten anknüpfen und das Heil Gottes in Jesus Christus deutlich machen!

2.3.2. Die anthropologische Dimension der Religion

Gott wirkt auch in den Religionen der Menschen, vor allem auch deshalb, weil der Mensch von ihm nach seinem Ebenbild geschaffen worden ist und der Mensch unaufhörlich nach Gott sucht. In der Theologie hat man an dieser Stelle vom *sensus divinitatis* gesprochen. Der Kirchenvater Augustinus (354–430) brachte diese Tatsache in seinen „Bekenntnissen" in folgenden Gebetsworten zum Ausdruck: „Du hast uns auf dich hin geschaffen, und unruhig ist unser *Herz*, bis es *Ruhe* findet in dir." Religionen sind also auch Versuche des Menschen, diesem Gott näherzukommen. Daraus folgert Beyerhaus: (1) Religionen helfen Menschen, zu einer tieferen Gotteserkenntnis zu gelangen. Eine positive Bewertung ist möglich. (2) Religionen sind autonome Versuche des Menschen, Gott und Göttliches zu erreichen, zu verstehen und zu beherrschen, und als solche immer gefährdet, aus der gesuchten Beziehung mit Gott herauszufallen.[87]

1. Der Mensch als religiöses Wesen. Alle Theorien über die Korrelation zwischen dem Christentum und den anderen Religionen gehen davon aus, dass der Mensch ein zutiefst religiöses Wesen ist. Dieses „transzendentale Existenzial" im Menschen, wie es Karl Rahner einmal nannte, treibt Menschen immer wieder auf die Suche nach Erklärungen für das Außersinnliche, ohne je eine

87 Siehe hierzu Beyerhaus (1969).

erschöpfende Antwort zu finden. Diese Suche ist dem Menschen von seiner Geburt an von Gott selbst gegeben. Der Apostel Paulus erklärt es den heidnischen Athenern so: Gott will, dass die Menschen ihn „suchen, ob sie ihn wohl fühlen und finden könnten" (Apg. 17,27).

Auf dieser Suche wird dem Menschen beides deutlich: seine Unzulänglichkeit, Gott letztendlich verstehen zu können, und seine Fähigkeit, ihn doch immer wieder begreifen zu können. Auf der Suche nach Gott formiert er eine Haltung, die auch den wesentlichen Unterschied zwischen ihm, dem geschaffenen Menschen, und dem Schöpfer zum Ausdruck bringt. In allen Religionen wird diese Haltung durch Formen der Spiritualität unterstrichen, die Verehrung, Anbetung und Dienst andeuten. Alle Religionen sprechen von Gebet, Opfer, Fasten, Meditation, ritueller Reinigung und Ähnlichem. Auf der Suche nach Gott formt der Mensch sein ethisches Bewusstsein, erkennt Normen und Formen rechten Verhaltens und formuliert Sanktionen gegen Fehlverhalten. Die religiöse Suche ist begleitet durch ein ausgeprägtes Rechtsempfinden. Religiösen Menschen muss man nicht erst grundsätzlich erklären, was Sünde ist. Sie tragen dieses Wissen in sich.

Folglich ist alles Suchen des Menschen letztendlich Stückwerk. Der Mensch erkennt Gott nur teilweise. Gebunden an Zeit und Raum kann er die Transzendenz nur erahnen. Zu den Athenern kann Paulus lobend sagen, dass sie den ihnen unbekannten Gott bereits verehren (Apg. 17,16-34), aber kennen tun sie ihn nicht. „Was ihr verehrt, ohne es zu kennen, das verkündigen wir euch", sagt Paulus sinngemäß (Apg. 17,23).

2. Religion als Selbsterlösung. Die religiöse Suche des Menschen ist aber auch immer wieder der Versuch, sich des Göttlichen habhaft zu machen. Zu werden wie Gott bedeutet, nicht zugleich eine Beziehung mit Gott aufrechterhalten zu müssen – mit diesem Traum wurde Eva bereits von der alten Schlange im Garten Eden geködert. Die Menschen können ihren Schöpfer erkennen, aber indem sie das tun, suchen sie zugleich nach Wegen, ihr Wissen über Gott zu instrumentalisieren. Sie beten beispielsweise, um dann das von Gott Erhaltene für ihre „Gelüste vergeuden“ zu können, wie Jakobus das nach Luther in Jak. 4,3 schreibt. Der Mensch empfängt die guten Gaben und im Handumdrehen überkommt ihn die Lust, damit Geld zu machen. Man erinnere sich nur an den Zauberer Simon aus Samarien (Apg. 8,18-25). Und die Jünger Jesu – begehrten sie nicht auch, im Reich Gottes möglichst nahe an ihren Meister heranzurücken? Der Mensch hat immer wieder versucht, seine religiöse Kenntnis in Macht umzuwandeln. Dafür ist die blutige Geschichte aller Religionen das beste Zeugnis.

Natürlich lässt Gott sich nicht von Menschen vereinnahmen. Er verwirrt ihre Sprachen, als er die Dummheit ihres Vorhabens beim Turmbau zu Babel sieht (Gen. 11) und überlässt sie sich selbst (Röm. 1,18ff). Was daraus folgt, ist Religion als Götzendienst, Religion als Selbsterlösung; voller Entwürdigung und Aufruhr gegen Gott.

2.3.3. Die dämonische Dimension in den Religionen

Religionen sind allerdings nie rein menschliche Versuche, die Transzendenz zu erklären oder ihrer gar habhaft zu werden. Die Bibel lehrt uns, dass das Schicksal des Menschen auf der Erde von Anfang an mit der Tatsache der Existenz des Bösen in dieser Welt verknüpft ist. Die Rebellion des Menschen gegen Gott ist ausgelöst durch die Begegnung des Menschen mit dem Verführer, dem Durcheinanderbringer, der uralten Schlange (Gen. 3). Ähnlich wird auch die religiöse Autonomie des Menschen von der Heiligen Schrift beurteilt. An mehreren Stellen im AT (Deut. 32,17; Ps. 106,37) und im NT (1Kor. 10,20) werden heidnische Götzen mit Dämonen gleichgesetzt und das Heidentum an sich dem Bereich der Finsternis und des Dämonischen zugeordnet (Apg. 26,18; 2Kor. 6,14-18; Eph. 2,2; Kol. 1,13; u.a.). Es ist Satan, der den Menschen verführt, verwirrt und seine Vorstellungen von Gott und der Welt korrumpiert. Die dämonische Dimension in den Religionen nicht zu sehen, kann fatale Folgen haben, argumentiert Beyerhaus.

2.3.4. Tripolarer Ansatz – eine Zusammenfassung

Religionen sind komplexe Gebilde. Getreu der anfangs vorgelegten Definition von Sundermeier, welche die Religion als „die gemeinschaftliche Antwort des Menschen auf Transzendenzerfahrung, die sich in Ritus und Ethik Gestalt gibt", ansieht, sind Religionen nicht oberflächlich platt, sondern differenziert zu beurteilen. Das gelingt, so glaube ich, mit dem tripolaren Ansatz von Peter Beyerhaus vorzüglich. Hier wird nicht, wie in rein exklusivistischer Manier, jede nichtchristliche Religion als inadäquates und dämonisches Konstrukt zur Seite geschoben, zugleich aber auch nicht naiv eine Heilstauglichkeit der Religion postuliert, ohne entsprechend biblisch-theologisch argumentieren zu können. Dieser Ansatz erlaubt uns, die Religion als Phänomen an sich ernst zu nehmen und nach einem positiven Beitrag der Religion zur Lebensgestaltung des Menschen zu fragen und dabei doch die notwendigen theologischen Kriterien zur Beurteilung anzuwenden. Es ist ein überaus sachlicher, wissenschaftlicher Ansatz.

Nach dem tripolaren Verständnis der Religion sind in jeder Religion Gott, Mensch und der Satan am Werk. Ein solches tripolares Denken lässt sich anschaulich darstellen. Im Falle des Christentums wäre der wahre Kern die Offenbarung Gottes im Herzen der Religion. Menschliche oder gar satanische Einflüsse sind an den Rand gedrängt, ohne jedoch ganz zu verschwinden.

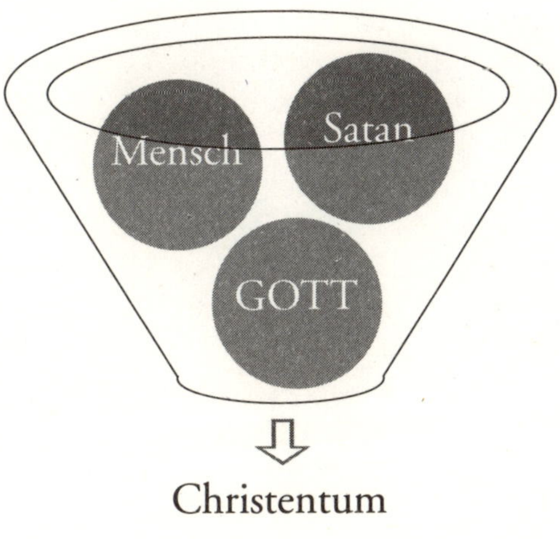

Gehört aber das menschliche Konstrukt ins Zentrum einer Religion, so entwickeln sich humanistisch-religiöse Vorstellungen, die ggf. atheistische Ausprägungen erhalten können.

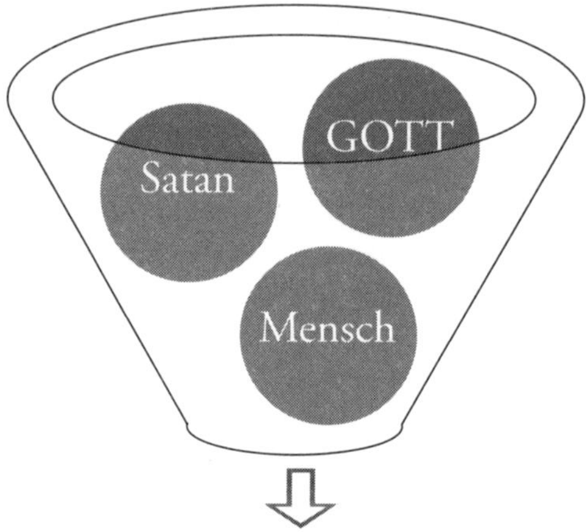

Atheismus

Im extremsten Fall besetzt Satan den Kern religiöser Überzeugungen. Als Resultat entstehen antigöttliche, antichristliche und satanistische Glaubensvorstellungen.

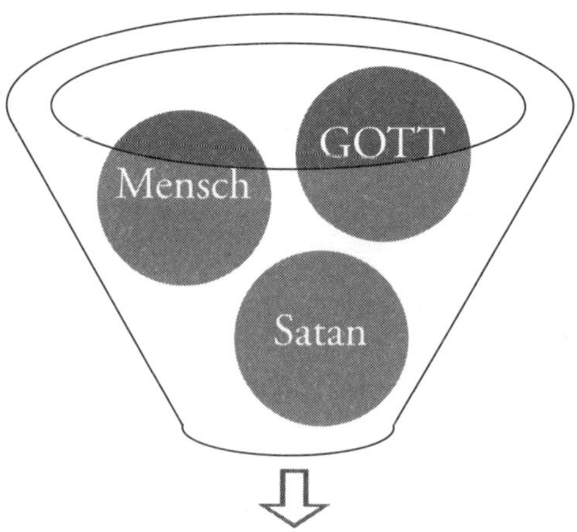

Satanismus

Religionskonstrukte existieren nie in Reinkultur. Der Grad der Vermischung ist sehr hoch. Auch die christliche Kirche ist nach Luther ein „*corpus permixtum*".[88] Deshalb ist es enorm wichtig zu verstehen, wo die jeweilige Glaubensvorstellung göttlicher Offenbarungen, wo menschliche Weisheit und wo dämonische Verstrickung transportiert wird. Von diesen Erkenntnissen hängt es ab, ob man mit Menschen aus einem gewissen religiösen Umfeld zusammenarbeiten, diskutieren oder eher für ihre Befreiung beten wird.[89]

2.4. Religionen in der Praxis kennenlernen

Wie lernen wir die Religionen der Andersgläubigen kennen? In der Kulturanthropologie ist hierfür eine Arbeitsmethode entwickelt worden, die man *teilnehmende Beobachtung* (TB) nennt.[90] *Das* ist eine Methode der Datenerfassung. Sie findet immer im unmittelbar zu untersuchenden Kontext statt, sie ist praxisnah und kann relativ einfach in den Alltag integriert werden. Bei dieser Methode nimmt der Beobachter direkt an dem zu beobachtenden Akt teil. Seine Wahrnehmungen werden schriftlich festgehalten und entsprechend kommentiert. Die bewusste Selektion der zu beobachtenden Situationen und die anschließende kritische Auswertung machen das Besondere der *teilnehmenden Beobachtung* aus. Ohne ein solches Verfahren wäre die Alltagsbeobachtung wissenschaftlich nur bedingt verwertbar. Mittels der *teilnehmenden Beobachtung* können die Besonderheiten einer Religion erfasst und die besonderen Schwächen und Stärken in der Gruppe der Andersgläubigen benannt werden.

Welche Voraussetzungen sollte der Beobachter mitbringen, wenn er sich der *teilnehmenden Beobachtung* als Instrument der Religionsanalyse bedienen will? Zwei Voraussetzungen spielen eine entscheidende Rolle:

88 Siehe zum Gemeindeverständnis Luthers: Reimer 2009:111-112.

89 Siehe Näheres in Reimer 2009:183-189.

90 Zur Methode und ihren Vorteilen und Grenzen siehe Käser 1997:288-302.

1. Genügend Zeit für die Vorbereitung, Durchführung und Auswertung der Beobachtung.
2. Bei Einsatz der Methode in privaten oder semi-öffentlichen Räumen muss ggf. vorher die Genehmigung eingeholt werden. Die Menschen sollten wissen, dass wir sie kennenlernen wollen. Und man sollte möglichst als Gruppe an die Erforschung gehen. Mehrere Beobachter werden die Situation aus unterschiedlichen Blickwinkeln beobachten und so kann ein recht umfassendes Bild entstehen.

Damit erweist sich das Instrument der *teilnehmenden Beobachtung* auch für den recht ungeübten Missionar und Evangelisten als ein überaus probates Mittel, sich der Kultur und Religion der Zielgruppe zu nähern.

Wie wird eine *teilnehmende Beobachtung* durchgeführt? Vier Schritte sind wichtig:

(1) Bevor wir die *teilnehmende Beobachtung* als Instrument der Erfassung lokaler Migrantengruppen und ihrer Glaubensüberzeugnungen einsetzen, sollten wir uns gut über diese Menschen, ihre Kultur und Religion informieren. Fast alle auf der Erde lebenden Ethnien sind längst beschrieben worden. Über alle Religionen dieser Welt gibt es entsprechende Literatur. Diese Literatur gibt dem interessierten Beobachter einen guten Einblick in die Religion und Kultur der Gruppe. Hierbei ist auch das Internet eine hervorragende Quelle.

(2) Jeder Teilnehmer sollte verstehen, was gemacht wird und mit welchem Ziel. Da es sich in unserem Fall um eine missionarische Durchdringung der Gruppe handelt, wollen wir zum einen die Gruppe selbst besser verstehen und ihre Bedürfnisse und Sehnsüchte erfassen. Es geht uns ggf. auch um die religiöse Rezeptivität der Gruppe.

(3) Zum anderen muss geklärt werden, wie die Beobachtung durchgeführt werden soll. An welchen Aktionen der zu un-

tersuchenden Gruppe nehmen die Beobachter teil, welche Aktionen sollten für die Gruppe angeboten werden? Und wie werden die Daten erfasst? Die TB sollte so natürlich wie möglich in das Geschehen integriert werden. Alle Elemente der TB, die als störende Eingriffe in das Leben der Gruppe verstanden werden, müssen unterbleiben. So können Fotos und Videoaufnahmen von großer Hilfe sein. Wird aber das Fotografieren zum Problem, so sollte man darauf verzichten. Wenn man sich in der Vorbereitung für die eine oder andere Art der Datenerfassung entschieden hat und sich diese für das Setting als problematisch erweist, muss neu entschieden werden. Der Beobachter muss auf jeden Fall Teilnehmer bleiben, und alles, was seine Teilnahme gefährdet, ist auszuschließen.

(4) Bei der Durchführung sollte man immer eine Probephase einbauen, um die Erfahrungen auszuwerten und eventuell am Verfahren Korrekturen vorzunehmen. In der Regel wird man während der Beobachtung nur stichwortartig Eindrücke notieren, die dann später detailliert festgehalten werden. Dabei ist es wichtig, dass man Zeit, Raum und die Perspektive der Beobachtung mit vermerkt.

Die schriftlichen Eindrücke und Beobachtungen sind letztendlich die Grundlage für die Auswertung. Die Texte werden miteinander verglichen und entsprechende Schlüsse gezogen. Gleiche und voneinander abweichende Eindrücke werden festgehalten und interpretiert. So entsteht ein Bild von der untersuchten Gruppe und dem Setting, in dem die Gruppe lebt.

Bei der Wahrnehmung religiöser Besonderheiten ist es wichtig, zwischen dem idealen, dem gelebten und dem geglaubten Verhalten zu unterscheiden. Ideale Verhaltensweisen werden in der Regel weitergegeben, tradiert. Sie folgen den festgelegten Normen einer Gesellschaft. Der Grundsatz hier lautet: „Bei uns macht man das so!" Solche Normen werden in den Hochreligionen schriftlich in den Heiligen Büchern bzw. den Kommentarwerken festgehalten. Es ist wichtig, vor einer TB-Untersuchung solche Ideale kennenzulernen.

Wenn die Praxis von solchen Idealen abweicht, dann spricht man vom gelebten Verhalten. Dieses Verhalten kann situationsbedingt wesentlich anders ausfallen, als es die Norm vorschreibt. Man kann demnach nicht einfach von der Beobachtung auf Normen der Gesellschaft schließen. So wird man bei der Beobachtung türkischer Männer oft feststellen, dass viele von ihnen rauchen. Der Rückschluss, im Islam sei das Rauchen erlaubt, wäre aber nicht korrekt.

Und schließlich unterscheiden wir noch das geglaubte Verhalten. Hierbei geht es um die interpretative Einordnung eines bestimmten Verhaltens. Es geht darum, Absicht und Zweck des Verhaltens festzuhalten. Am Beispiel der Liebe zum Ehepartner wird das deutlich: Die Grundnorm unter den nomadischen Stämmen Zentralasiens besagt: Du sollst deine Ehefrau lieben. In der Praxis schlägt der Ehemann aber seine Frau oft. Er glaubt dabei: Wer seine Frau nicht schlägt, der liebt sie auch nicht. Ein westlicher Beobachter würde also die Situation völlig verkennen, wenn er von der Tatsache, dass Männer ihre Frauen schlagen, auf das Fehlen einer Liebesvorstellung in der betroffenen Kultur schließen würde.

Den Glaubensvorstellungen nähern wir uns über ihre Symbole und Handlungen oder – wie man in der Kulturanthropologie sagt – über ihre geistigen Objektivationen. Rituale gehören fest zur religiösen Praxis (mehr dazu siehe auch Seite 39).

In der TB versuchen wir zu klären, welche Rituale von der Gruppe eingehalten werden und welche Rolle solchen Handlungen zukommt. Es ist zu klären, ob das Ritual die Glaubensrezeptivität der Menschen eher positiv unterstützt oder ob es ihn vom Glauben an Gott wegbringt. Fördert oder fordert das Ritual die Menschen? Kann es eventuell übernommen werden oder sollte es auf lange Sicht überwunden werden?

Um in diesen Fragen adäquat entscheiden zu können, brauchen Christen ein festes eigenes Glaubensfundament und gute Kenntnisse dessen, was sie gemäß der Heiligen Schrift glauben.

So scheint es wenig Schwierigkeiten zu geben, Rituale und Überzeugungen, die die Gastfreundschaft fördern, auch missionarisch positiv zu übernehmen, oder Rituale, die die Ehrerbietung und

Treue Gott gegenüber erweisen, zu unterstreichen. Warum sollte man beispielsweise nicht das Knien des Muslims als Zeichen der Ehrerbietung Allahs übernehmen? Oder das rituelle Waschen der Hände vor dem Essen? Auf andere Rituale, die eher dämonischer Natur sind, wird zu verzichten sein.

Kapitel 3:

Wer evangelisieren will, muss Worte finden

3.1. Die Kunst der verständlichen Rede

Menschen anderen Glaubens leben oft in engen sozialen Gemeinschaften, die man nicht so ohne Weiteres verlassen kann. Im Islam zum Beispiel ist der soziale Raum praktisch mit dem religiösen Raum identisch. Eine Trennung zwischen profan und sakral, wie das in der westlichen Gesellschaft üblich ist, kennt man hier kaum. Der Ausstieg eines Muslims aus der islamischen Glaubensgemeinschaft hat somit immer sofort Folgen für das soziale Miteinander, die eigene Stellung in der Gesellschaft. Eine Konsequenz kann sein, dass man eine bestimmte soziale Stellung und soziopolitische Rechte, ja sogar das Leben verliert. „Das macht es fast undenkbar für einen Muslim, seine Religion zu verlassen und zu einer anderen zu wechseln", schreibt Martin Goldsmith.[91]

Man wird sich behutsam auf die Menschen aus religiös geprägten Kulturen zubewegen, sich diesen in ihren kulturellen oder gar religiösen Vorstellungen anpassen, wenn man nicht von vornherein das Gespräch abbrechen und so jede Evangelisation zunichtemachen will. Und damit stellt sich jedem Evangelisten, der sich auf ein fremdes religiös besetztes Territorium begibt, die Frage, wie und wie weit man sich dieser Kultur nähern darf, ohne missverständlich und damit potenziell synkretistisch zu erscheinen. Paul Hiebert formuliert diese Frage wie folgt: „Auf welche Art und Weise sollten Christen auf all die geschichtlichen Traditionen reagieren? Wie sollten sich Neubekehrte zu ihrer kulturellen Vergangenheit verhalten, zu ihren Gewohnheiten im Blick auf Es-

91 Goldsmith 1976:318.

sen, Kleidung, Medizin, Lieder, Tänze, Mythen, Rituale und alle die anderen Dinge, die ein so fester Bestandteil ihres Lebens waren? Welche Verantwortung haben Missionare den anderen Kulturen gegenüber im Blick auf diese Traditionen? Wie weit kann das Evangelium einer Kultur angepasst werden, ohne dass seine eigentliche Botschaft aufgegeben wird? Und wer soll die Entscheidungen treffen, was im Blick auf die alten Praktiken zu tun ist?"[92]

Damit stehen wir vor der Frage der rechten Kontextualisierung. Wer im religiös besetzten Raum eine verständliche Sprache finden will, der wird nicht umhin können, das Evangelium in Worte zu kleiden, die dem anderen verständlich sind. Die Kunst verständlicher Rede ist unmittelbar verbunden mit der angemessenen Anpassung der Botschaft an kulturelle und damit auch religiöse Bedingungen des Kontextes.

3.2. Kontextualisieren ja, aber wie?

Wie kann man nun das Evangelium so in ein religiös-kulturelles Gewand kleiden, dass es das Evangelium vom Heil in Christus bleibt. Nichts wäre so fatal wie die Verfälschung der Botschaft des Evangeliums im Prozess der Kontextualisierung. Paul Hiebert nannte in diesem Zusammenhang drei Ansätze, die in der christlichen Kirche praktiziert werden:[93]

a. Ablehnung der Kontextualisierung als offenes Tor zum Synkretismus
b. Unkritische Kontextualisierung
c. Kritische Kontextualisierung

a. Ablehnung der Kontextualisierung als offenes Tor zum Synkretismus

In weiten Teilen der christlichen Missionsarbeit wurde jede Kontextualisierung abgelehnt, weil man die entsprechenden Kulturen als religiös bestimmt sah und die heidnischen Religionen als dä-

92 Hiebert 2005:32.
93 Hiebert 2005:32-37.

monisch durchsetzt galten. Das Ergebnis einer solchen Missionsarbeit war massive Kolonialisierung und kultureller Genozid in vielen Teilen der Welt. Man fegte den Lebensraum der vom Evangelium erreichten Menschen regelrecht von ihren angestammten Traditionen leer und ersetzte die Kultur der Einheimischen durch die Kultur des Missionars. Das führte zu einer Entfremdung des Evangeliums vom Lebensraum der Menschen[94] und die alten Vorstellungen wurden konsequent in den Untergrund vertrieben, was den Synkretismus erst recht förderte.[95]

b. Unkritische Kontextualisierung

In diesem Ansatz wird die Kultur der Betroffenen nahtlos in das neue Leben der Christen integriert. Ja, die Kultur und Religion der Menschen setzt die Rahmenbedingungen für Glauben und Leben der Christen. Die „Fremdheit des Evangeliums" vielen Kulturen und Religionen gegenüber wird weitgehend nivelliert und damit das Evangelium selbst verfremdet. Paul Hiebert schreibt dazu: Eine „... Schwäche der unkritischen Kontextualisierung besteht darin, dass sie die Tür für jede Art Synkretismus weit öffnet".[96] Die unkritische Kontextualisierung kommt der Religionsvermischung gefährlich nahe. So wird das Evangelium von Heilsvorstellungen der jeweiligen Kultur überlagert und letztlich verfremdet. Und was als Versuch begann, dem Evangelium eine kulturadäquate Gestalt zu geben, endet in der Auflösung des Evangeliums in kulturellen und religiösen Heils-Kategorien, die dem Evangelium fremd, und nicht selten sogar feindlich sind. Das Besondere der Heilsbotschaft des Evangeliums, ja der Anspruch auf das Heil in *Christus allein,* wird bis zur Unkenntlichkeit verdreht und nicht selten ins Gegenteil verkehrt. Am Ende steht ein neues „Evangelium", ein Evangelium, das einen anderen Heiland predigt.

94 Hiebert 2005:33.
95 Hiebert 2005:34.
96 Hiebert 2005:36.

c. Kritische Kontextualisierung.
Hiebert selbst ruft zu einer kritischen Kontextualisierung auf, die sowohl das Andersartige, Neue und unbedingt Notwendige des Evangeliums als auch die potenziellen Stärken der Kultur und der jeweiligen Religion ernst nimmt. Dabei setzt er auf die Mitarbeit der Menschen im jeweiligen Raum. Er schlägt vor, „Menschen in die jeweilige Beurteilung der eigenen Kultur mit einzubeziehen. ... Sie kennen ihre alte Kultur besser als der Missionar und sind deshalb in einer besseren Position, sie kritisch zu bewerten.“[97] Freilich setzt das die biblische Unterweisung der Konvertiten voraus. Denn letztlich liegt die Wahrheit des Evangeliums nicht in der Kultur, sondern in der Offenbarung Gottes, in der Bibel, begründet. Sie allein ist für den Glauben und das Leben der Nachfolger Jesu die alles normierende Norm, die *norma normans*. Jede kontextuelle, kulturelle und erst recht jede religiöse Anpassung der christlichen Glaubensüberzeugungen muss sich der Kritik durch das Wort Gottes stellen, das allein das Fundament ist, auf dem der christliche Glaube fußt.

3.3. Wie weit können wir gehen?

3.3.1. Christen oder Jesus nachfolgende Hindus?

In den letzten 35 Jahren wurden Kontextualisierungs-Modelle entwickelt, die den christlichen Glauben so nahe wie möglich an die Kultur, Form, Sprache und sogar Glaubensausdruck bringen sollen. So hofft man die konversationshinderlichen Bedingungen der jeweiligen Kultur zu überwinden. Man spricht dann von der Jesus-Synagoge, „Jesus-Moschee“, messianischen Juden, Jesus nachfolgenden Hindus und Muslimen.[98] Es war vor allem das Buch des Amerikaners Phil Parshall *New Paths in Muslim Evangelism,*[99] in

97 Hiebert 2005:41.

98 Siehe in diesem Zusammenhang als Beispiel folgende Darstellungen: Conn 1979:97-111; Kraft 1979:114-124; Parshall 1980; Parshall 1989:251-265; Woodberry 1989:282-312.

99 Zu Deutsch *Neue Wege in der Muslim Evangelisation* (Parshall 1980).

dem er sein Konzept einer Jesus-Moschee vorstellte, das eine Flut an innovativen Ansätzen auslöste.

Der Amerikaner John Travis hat in seiner 1998 vorgelegten Systematisierung dieser Ansätze einen Standard gesetzt,[100] der bis heute gilt. Travis führte hierfür den Begriff des C1- bis C6-Spektrums ein. Wobei das C für „Christ-centred communities“ = christuszentrierte Gemeinschaften steht.[101] Dabei versteht er unter C1 das am weitesten an die christliche Welt und unter C5 das am weitesten an die islamische Kultur adoptierte Modell. Die C1-Konvertiten aus dem Islam nennen sich bewusst Christen. Die C5 lehnen es ab, Christen genannt zu werden, sondern bezeichnen sich als Muslime, die Jesus nachfolgen.

Die C1-Gemeinschaft der MBBs (Muslim Background Believers) orientiert sich an ihren christlichen Vorbildern und benutzt sogar die Sprache der Missionare (oft Englisch), während die C2 sich bewusst der Sprache des Volkes bedient, aus dem die Konvertiten stammen. In Inhalt und Form stellen aber beide Modelle eine weitgehende Adaption an christliche Vorbilder dar.

C3 dagegen nutzt auch religiös-neutrale Formen der Kultur für die Gestaltung des religiösen Lebens der MBB. Allerdings wird dabei jede Form, die an die islamische Verehrung Gottes erinnert, vermieden. Hier werden nur eindeutig als kulturell eingestufte Formen übernommen.

Die C4-Gemeinden gehen einen Schritt weiter und übernehmen auch religiöse Symbole und die Sprache des Islam. So werden islamische Begriffe für Gott (Allah), Moses (Musa), Jesus (Isa) oder Gebet (Salat), das Neue Testament (Injil) u. a. bewusst übernommen. Feste wie Ramadan werden gefeiert. Rituale (z. B. Beschneidung oder Beerdigungsformen), die Gebetshaltung usw. werden in die Glaubenspraxis der Christen integriert. Allerdings distanzieren sich die C4-MBBs deutlich vom Islam. Sie verstehen

100 Travis 1998a:407-408. Das Spektrum ist mehrfach in der Literatur vorgestellt worden (siehe z. B. Parshall 2003) und auch kritisch besprochen worden (siehe unter anderem Nikides 2006:1, Bonk 2008:118-119.

101 Siehe hierzu: Travis (1998a:407-408). Weiterführende Information findet sich bei: Parshall (1998:404-406, 409-410, Williams 2003:75ff, u. a.

sich eindeutig als Christen, auch wenn sie den Begriff selbst vermeiden würden. Eine wie auch immer geartete Identifikation mit dem Islam wird vermieden.

Die C5-MBBs verstehen sich dagegen als „messianische Muslime“[102]. Sie bleiben bewusst in der islamischen Gemeinschaft, besuchen die Moschee und nehmen an den meisten muslimischen religiösen Handlungen teil, es sei denn, diese widersprechen eindeutig der biblischen Wahrheit. Man spricht bei C5 auch von einer „Insider-Bewegung“[103] und da, wo diese Gemeinden ihre besonderen Treffen abhalten, von einer „Isa-Moschee“[104].

Und schließlich leben viele MBBs im tiefen Untergrund und können sich in keiner Weise zu ihrem Glauben an Jesus bekennen, ohne zugleich ihr Leben zu gefährden. Travis spricht an dieser Stelle von den C6-Gemeinden. Diese lassen sich jedoch nicht so leicht kategorisieren und können daher an dieser Stelle auch nicht diskutiert werden. In manchen Kreisen wird auch eine C7-Kategorie bemüht, die davon ausgeht, dass nicht nur die Konvertiten, sondern auch die Missionare selbst zu der Zielreligion übertreten.

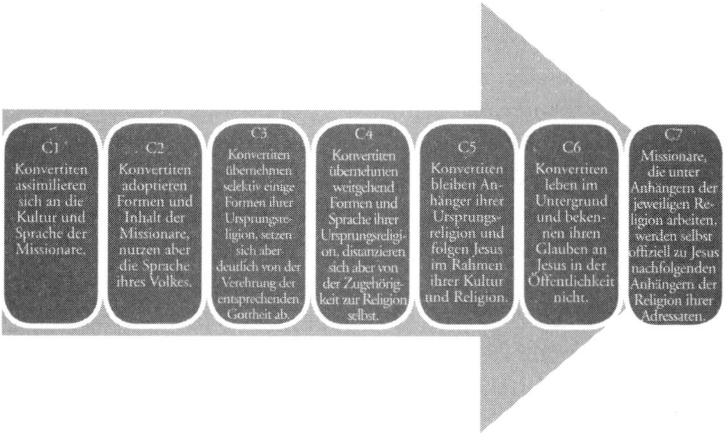

Kontextualisierungs-Spektrum

102 Tennent 2006:102.

103 Siehe in dieser Hinsicht die gesamte Ausgabe von *Mission Frontiers* September–October 2005, vol. 27:5.

104 Siehe z. B. Bridges 1997:19.

Die von Travis vorgestellte Klassifizierung beschreibt Wege der Kontextualisierung des Evangeliums in die islamische Kultur. Es stellt ein Spektrum von niederspektralen Kontextualisierungsmodellen (C1-C4) und hochspektraler Kontextualisierung, wie es Mark Williams nannte.[105] Beim näheren Hinsehen fällt es allerdings schwer, das C1-Modell als Kontextualisierungsmodell zu bezeichnen, wie Tennent richtig bemerkt. Er spricht hier eher vom „Ausdruck eines ethnozentrischen Extraktionismus".[106] Ähnlich schwierig kann auch das C5-Modell werden, steht es doch dem klassischen Synkretismus nahe. In der Tat stellt erst das C3-C4-Modell einen Kontextualisierungsversuch dar. Diese Modelle folgen aber klassischen Inkulturations-Vorlagen und stellen eine recht geringe Problemlage dar.[107] Dudley Woodberry wies in diesem Zusammenhang darauf hin, dass im Islam die meisten theologischen Grundvorstellungen auf jüdische bzw. christliche Vorlagen aufbauen.[108] Die Rückinanspruchnahme dieser Vorstellungen für die christliche Mission sei deshalb nur legitim. Woodberry selbst beschreibt einen solchen Prozess in einem ihm bekannten asiatischen Land.[109] Freilich bleibt eine solche Rückinanspruchnahme nicht ohne die Herausforderung, dass diese ehemaligen jüdischen bzw. christlich theologischen Vorstellungen im Laufe der 1400-jährigen Geschichte eine eigene islamische Meinung erhalten haben.

Das Argument Woodberrys gilt natürlich nur für nach-christliche Religionen, wie den Islam, die sich im vom Christentum dominierten Raum entwickelt haben. Aber die angewandten Kontextualisierungs-Prinzipien können auch für andere Religionen gelten.

Das eigentliche Problem beginnt im Bereich der hochspektralen C5-Kontextualisierung. Kann eine bewusste Identifizierung mit dem Islam oder auch Hinduismus noch als biblische Jesus-

105 Williams 2003:75-91.

106 Tennent 2006:103.

107 Die Tatsache, dass sich MBBs aus dem C4-Modell oft nicht als Christen, sondern „Nachfolger Jesu" bezeichnen, stellt an dieser Stelle eher ein geringes Problem dar. Siehe die Diskussion bei Tennent (2006:103f).

108 Woodberry 1989:282-312.

109 Woodberry 1989:303-307.

Nachfolge bezeichnet werden? Die Verteidiger des Modells sagen Ja. Es fällt jedoch auf, dass man Mühe hat, den Ansatz wirklich zu fassen, wie Tennent richtig bemerkt.[110] Die Befürworter zeigen selten, was sie unter ihrem Ansatz verstehen. In der Literatur werden in der Regel nur Stimmen der Kritiker behandelt. Was aber nötig wäre, ist eine Theologie des C5-Common Ground-Ansatzes, die beides ernst nimmt: die jeweilige religiöse Tradition und die biblische Offenbarung. Eine solche Theologie ist jedoch bis dato nicht entwickelt worden. Da, wo man Eckdaten einer C5-Position formuliert, sind es in der Regel Vorstellungen, die auch bereits unter C4 gedacht und praktiziert werden. Joshua Massey, einer der Hauptvertreter des C5-Common Ground-Ansatzes, räumt ein, dass der wichtigste Unterschied zwischen C4 und C5 die Frage nach der gewählten Identität ist.[111] Doch ob man sich nun Muslim oder Christ nennt, beschreibt noch keinen Ansatz. Ein missionstheologischer Ansatz sollte den Anspruch haben, eine eigene Interpretation der biblischen Offenbarung und eigene Wege des Transfers dieser Offenbarung in den Kontext aufzuzeigen. Haben die Befürworter des C5-Modells eine solche Grundlage vorgelegt? Jaap Hansum schrieb 2005 seine MTh-Dissertation über die Jesus-Muslime.[112] Seine kritischen Beobachtungen hat er in sieben Thesen zusammengefasst.[113]

1. Die Jesus-Muslime stellen eine große Vielfalt dar. Einige nehmen bewusst am islamischen Gottesdienst teil und sprechen gar die *shahada*, das Glaubensbekenntnis des Islams regelmäßig. Andere nehmen nur selektiv an islamischen Ritualen teil und messen dem Glaubensbekenntnis *(shahada)* und dem Gebet *(salat)* eine biblische Bedeutung zu. Allgemein gesprochen legen die Jesus-Muslime ihren Fokus auf die Gottesverehrung, das Gebet und das Bibelstudium. Taufe und Abendmahl werden dagegen nur selten gefeiert.

110 Tennent 2006:104.

111 Massey 1999:191.

112 Hansum 2008:88-94.

113 Eine deutsche Zusammenfassung in: Hansum 2008:88-94.

2. Der Gebrauch der Bibel ist sehr eklektisch. Teile des Korans, die der Bibel widersprechen, wurden einfach negiert oder radikal anders interpretiert. Man konzentriert sich auf die Evangelien und das Leben sowie die Lehre Jesu. Paulus und seine Theologie kommen so gut wie gar nicht vor. Es scheint so, als nehme man an, Paulus bringe den Glauben für die griechisch-römische Welt zum Ausdruck.

3. Fast alle Jesus-Muslime bezeugen eifrig Jesus, was zu dem schnellen Wachstum der Insider-Bewegungen in Bangladesch und Indonesien beigetragen hat.

4. Jesus-Muslime pflegen eine enge Gemeinschaft mit den traditionellen Muslimen und ihren Gleichgesinnten in den kleinen Hausgruppen.

5. Viele Jesus-Muslime sind vergleichsweise zufrieden mit dem Islam, dagegen eher unzufrieden mit dem Christentum, dem man den Kolonialismus, Kapitalismus und die geistliche Dekadenz des Westens vorwirft.

6. Träume, Visionen, Machterweise, Konfrontation und Gebetserhörungen spielen eine große Rolle im Prozess der Bekehrung der Jesus-Muslime.

7. Die Autorität Jesu über die Dämonen ist den Jesus-Muslimen wichtiger als die Vergebung von Sünden.

8. Die Anhänger der Insiderbewegungen gehen davon aus, dass etwa 80 % der Lehre und 60 % der Spiritualität im Islam mit der christlichen Lehre und Praxis kompatibel sind.

Aus diesen Beobachtungen erwachsen seine Fragen:

- Was ist das essenzielle Minimum eines biblischen Glaubens an die Erlösung in Christus?
- Ist die Bekehrung zu Jesus ein einmaliger Akt oder vielleicht eher ein transformativer Prozess, der Zeit braucht?
- Werden fragliche Praktiken und Einstellungen der Jesus-Muslime mit der Zeit zum Positiven verändert oder eher in synkretistische Konstrukte verfestigt?
- Wie verhält sich der Glaube an Christus zum Glauben an die Gemeinde Christi?

3.3.2. Biblische Begründung des C5-Ansatzes

Auch die C5-Missionsstrategen argumentieren mit der Bibel. Allerdings fällt die biblische Basis für ihre Überzeugungen eher dünn aus. Studiert man die Literatur der Vertreter des Ansatzes, so findet man folgende biblische Texte als Beleg für ihre Theorie: Apg. 15,19; 1Kor. 7,20; 1Kor. 9,19-22; Joh. 4; Apg. 17,16ff und 2Kö 5,18-19. Immer wieder verweist man auch auf die Abwehr der Judaisierer durch Paulus.

Wie werden die Texte interpretiert und warum enthalten sie nach Meinung der C5-Vertreter eine Begründung für ihren Ansatz? Finden wir in diesen Texten die Möglichkeit, dass Menschen, die Jesus als ihren Herrn und Erlöser gefunden haben, ihre alte Religion beibehalten haben? Gehen wir diese Textstellen einmal im Überblick durch.

Das Apostolische Konzil in Apg. 15, so C5, macht deutlich: Unter den Anführern der Urgemeinde herrschte Konsens darüber, dass man den Gläubigen der Heiden nicht unnötigerweise religiöse Bürden auferlegen (Apg. 15,19), sondern sie ermutigen wolle, Jesus nachzufolgen, ohne zugleich einen religiösen Wechsel vollziehen zu müssen. Eine Interpretation, die m. E. jedoch weit über die wirkliche Aussage des Textes hinausgeht. Apg. 15 bestätigt zwar, dass die Heiden, wenn sie Jesus-Nachfolger geworden waren, nicht mehr die jüdischen Gesetze einzuhalten hätten, aber die Hinwendung zu Jesus trennte sie doch deutlich von ihren alten heidnischen religiösen Praktiken. Die Vorstellung von einem Jesus-Nachfolger, der bewusst weiterhin Heide blieb, liegt diesem Text fern.[114] Freilich beschlossen die Apostel, dass man es einem Heiden nicht unnötig schwer machen solle (15,19), aber doch nicht auf Kosten seiner bewussten Zugehörigkeit zu Jesus. Apg. 15 stellt eine großartige Ermutigung zur Kontextualisierung dar, aber keineswegs im Sinne von C5. Das Apostolische Konzil hat die Heiden an keiner Stelle dazu ermutigt, an ihrer heidnischen Identität festzuhalten, was sicher so auch nie möglich gewesen wäre, zu unterschiedlich waren die religiösen Entwürfe. Die Vertreter des C5 wehren sich an dieser Stelle, den Islam mit dem Heidentum gleichzusetzen. Geht es doch im Islam um eine abrahamitische, monotheistische Religion. Beim Apostelkonzil ging es aber nun einmal um die Konvertiten aus dem Heidentum. Monotheistisch waren die Heiden nicht. Die Juden waren es. Sie sind jedoch nicht Gegenstand der Verhandlungen in Apg. 15. Die Frage des messianischen Judentums wird an anderer Stelle erörtert. Und auch da ist ein Verharren in der religiösen Kultur der Juden nicht möglich. Das Neue Testament setzt sich deutlich dafür ein, dass in Christus beide, Juden wie Heiden, zu einer neuen religiösen Identität finden können und gefunden haben (Eph. 2,14ff). Apg. 15 als Belegtext für C5 erweist sich m. E. als unbrauchbar.[115]

Ein weiteres Argument finden die Vertreter des C5 in 1Kor. 7,20.[116] Paulus ermutigt hier jeden, in dem Zustand zu bleiben, in dem er war, als Gott ihn rief. Es ist allerdings nicht schwer zu sehen, dass es ihm hierbei um den gesellschaftlichen Status geht: das Beschnittensein (V. 18), Sklavensein (V. 21) und Verheiratetsein (V. 27). Die Vertreter von C5 verweisen vor allem darauf, dass die Beschneidung ein eindeutig religiöser Akt ist. Wenn Paulus

114 Zu den Aussagen und Empfehlungen des Konzils siehe u. a. Schneider 1982:168-192; Bruce 1990:344ff.

115 Wie exegetisch schwach diese Argumentation ist, beweisen die Antworten der Vertreter des C5 auf die Anfragen seitens der Kritiker in Corwin 2007:11.

116 Siehe z. B. Massey 2004:10-12. Nikides (2006:2) bezeichnet die Auslegung von Massey als Isogesis.

die Korinther dazu ermutigt, sich nicht mit der Beschneidung abzugeben, stellt sich die Frage, ob für ihn ein religiöser Identitätswechsel sekundär ist. Wenn es um den Wechsel vom Heidentum zum Christentum ginge, dann sicher, aber darum geht es Paulus in diesem Text gerade nicht.[117] Die Korinther haben sich für Christus entschieden, sie haben die Beschneidung ihres Herzens erlebt und damit den religiösen Identitätswechsel *per se* vollzogen. Jetzt sind manche von ihnen damit beschäftigt, ganz ihren kulturellen Raum zu verlassen und durch Beschneidung Juden zu werden. Dagegen wehrt sich Paulus. Nicht um ein mögliches Festhalten an ihrer heidnischen Identität geht es ihm hier, sondern um die Option eines totalen Wechsels in die religiöse Kultur der Juden.[118] Gerade im Kontext des gesamten Briefes erschließt sich mir der Hinweis auf diese Stelle als Argument für C5 nicht. Vielmehr lassen die Befürworter der C5 an dieser Stelle die nötige exegetische Tiefe vermissen.

Der dritte Text, der immer wieder ins Feld geführt wird, findet sich in 1. Kor. 9,19-22.[119] Hier erklärt Paulus, dass er „den Juden ein Jude und den Griechen ein Grieche geworden ist ... ja allen alles, ... um wenigstens einige zu gewinnen". Die Aussage ist klar – es geht um die Inkarnation des Missionars in die Kultur seines Adressaten. Dabei geht es Paulus offensichtlich darum, diesen kulturell anders geprägten Adressaten für Jesus zu gewinnen,[120] der dann „in Christus eine neue Kreatur ist". Denn mit der Hinwendung zu Jesus „ist das Alte vergangen und Neues ist geworden" (2Kor. 5,17). So wichtig dieser Text in Fragen der Kontextuali-

117 Zur Exegese des Textes siehe u. a. Kistemaker 1993; Fee1987:314. Einen guten Überblick über das Christentum in Korinth gibt auch Adams 2004, der ähnlich, wie oben ausgeführt, die Option einer in die korinthische, heidnische Religiosität integrierte Gemeinde von der Hand weist.

118 Zum überaus komplizierten Verhältnis von Paulus zu den Juden und Israel siehe Hengel 2002:418-472.

119 Higgins 2004:161.

120 Zur Exegese des Textes siehe Kistemaker 1993:304-312; Fee 1987:422-432; u. a.

sierung ist, eine C5-Position unterstützt er nicht,[121] ähnlich wie der von Higgins (2004:10-163) diskutierte Text aus Apg. 17,16ff. Higgins hat recht, wenn er in diesem Text eine mögliche Kontextualisierungspraxis des Paulus erblickt. Jedoch zielt der Text nun wahrlich nicht darauf, die potenziellen Konvertiten aus dem griechischen Heidentum im Heidentum zu belassen. Wie immer auf seinen Missionsreisen kommt es auch in Athen zur Scheidung der Geister. Wie dieser Text eine C5-Strategie begünstigen, ja gar begründen soll, erschließt sich mir nicht.

Higgins führt die Geschichte der Begegnung zwischen der Samariterin und Jesus (Joh. 4) ins Feld.[122] Für ihn kommt es in der Geschichte darauf an, dass die zum Glauben an Jesus gefundenen Samariter nicht von Jesus gezwungen werden, Gott im Tempel anzubeten, sondern in „Wahrheit und im Geist“ Gott dienen sollen (Joh. 4,24). Wie diese Geschichte aber als Begründung für eine C5-Strategie dienen kann, bleibt unbeantwortet. Higgins scheint davon auszugehen, dass die Samariter auch weiterhin ihrer religiösen Praxis nachgegangen sind, auch wenn sie jetzt Gott so anbeteten, wie Jesus es sie lehrte. Eine solche Folgerung kann aber unmöglich aus dem Text entnommen werden.[123]

Eine letzte Stelle, die die Vertreter der C5 als Argument für ihre Position nutzen, findet sich in 2Könige 5,18-19.[124] Es geht in diesem Narrativ um den heidnischen Heerführer Naaman, der vom Propheten Elisa vom Aussatz geheilt wird und der zum Abschied den Propheten bittet: „Nur darin wolle der Herr deinem Knecht gnädig sein: Wenn mein König in den Tempel Rimmons geht, um dort anzubeten, und er sich auf meinen Arm lehnt und ich auch

121 Die wichtigsten Vertreter der C5-Kontextualisierung John Travis und Joshua Massey haben sich in den letzten Jahren von der Vorstellung distanziert, christliche Missionare könnten um des Evangeliums willen Muslime werden. So schreibt John Travis, er könne nicht sehen, dass Christen aus missionarischer Motivation Muslime werden können. John Travis 2000a:55. Siehe auch Phil Parshall (1998:409) in gleicher Fragestellung.

122 Higgins 2004:158-159.

123 Siehe hierzu auch die Ergebnisse der Exegese zu diesem Text u. a. Schneckenburg 1992:469ff; Wengst 2000:153-175.

124 Siehe Travis 2000; Higgins 2004:158.

anbete im Tempel Rimmons, dann möge der Herr deinem Knecht vergeben. Nur dies möge Jahwe deinem Knecht verzeihen." Und darauf antwortet der Prophet Elisa: „Zieh hin mit Frieden!"

Das Argument liegt auf der Hand. Wie Naaman, der die Größe Jahwes erfahren hatte und eigentlich nicht mehr in den Tempel Rimmons gehen würde, es nun aber um seines Herren willen doch tut, so auch der MBB, der aus Liebe zu seinem Volk in die Moschee geht und hier vor Allah niederfällt. Nach den Vertretern der C5-Theorie wäre ein solches Verhalten durch den Friedenssegen Elisas legitimiert. Wieder erscheint mir die Exegese des Textes zweifelhaft.[125] Naaman scheint sich der Falschheit seines rituellen Aktes im Tempel Rimmons bewusst zu sein. Er bittet noch vor der Handlung um Vergebung. Der Friedensspruch des Propheten kann doch nicht als Legitimation dieser Praxis verstanden werden, sondern bestenfalls als Zeichen einer wohlwollenden Antwort auf eine Bitte. Wie daraus ein Segen für C5-Verhalten abgeleitet werden kann, entzieht sich meiner Kenntnis.

Eine rein bibeltextbezogene Argumentation erscheint mir nun wenig ergiebig für eine theologisch adäquate Begründung des C5-Ansatzes. Da hilft auch Travis' Versuch nicht, die Bibel an dieser Stelle maximieren zu wollen.[126] Heraus kommt eher eine permanente Minimalisierung des Textes der Bibel und seiner Bedeutung für Lehre und Leben der Gläubigen. Ein Prozess, der höchst problematisch werden kann, wie John Piper feststellt.[127] Folgen doch einer solchen Minimalisierung allerlei Verdrehungen des Glaubens."[128]

Die Verfechter von C5 bemühen allerdings nicht nur Texte, sondern auch die Hermeneutik von Paulus, der einen harten Kampf

125 Zur Exegese des Textes siehe Keil 1988:266-267.

126 Travis 2006:22.

127 Piper 2006:16-17.

128 Flamming (2005) hat mit seiner Arbeit zu Kontextualisierung im Neuen Testament eine wichtige Arbeit vorgelegt, die deutlich macht, dass die im Bereich des C5 vorgetragenen Argumente sich nur schwerlich auf die neutestamentliche Praxis beziehen lassen. In der Regel werden hier „biblische Texte gesucht und gefunden", um so die in der hochspektralen Kontextualisierung benutzten Methode zu rechtfertigen.

gegen alle judaisierenden Tendenzen seiner christlichen Mitbrüder geführt habe, die den Heiden eine Hinwendung zum Judentum abverlangten, um Jesus nachfolgen zu können. Ähnlich würden sie, so die Anhänger des C5-Ansatzes, sich nun dafür einsetzen, dass Muslime oder Hindus nicht zum Christentum konvertieren müssen, um genuine Jesus-Nachfolger zu werden.[129] Massey geht sogar so weit, die Gegner des C5 mit jenen Judaisierern zu identifizieren.[130]

Sicher lehnte es Paulus ab, die Heiden über die Übernahme einer jüdisch religiösen Identität zu Jesus führen zu wollen. Aber auf der anderen Seite verlangte Paulus auch von den Konvertiten, eine neue religiöse Kultur in der Nachfolge Christi anzunehmen.[131] Und sicher wäre es grundfalsch, von den Konvertiten zu erwarten, die religiöse Identität des Kulturchristentums, beispielsweise des Westens, zu übernehmen. Aber das würde auch jede ernstzunehmende Kontextualisierung behaupten. Genau das geschieht ja bereits im C4-Ansatz, ohne dass hierfür die Beibehaltung der muslimischen religiösen Identität notwendig wäre, wie Tennent in seiner Kritik am C5-Ansatz richtig feststellt.[132] Aber die Behauptung, die ersten Christen seien nicht dazu angehalten worden, ihre religiöse Identität zu ändern, ist nicht nachzuweisen. Dagegen sprechen alle historisch zugänglichen Daten aus den ersten vier Jahrhunderten der Geschichte des Christentums.[133]

Eine biblisch-theologische Begründung des C5-Ansatzes, wie sie

129 Siehe hierzu die Argumentation von Joshua Massey (2000:8). Auch der prominente amerikanische Missiologe Ralph Winter (2005:4) schloss sich dieser Argumentation an.

130 Massey 2000:8.

131 Ein Gedanke, der von der Paulus-Forschung immer wieder unterstrichen wird. Siehe u. a. Schreiner 2001:151-161; Gnilka 1996:162ff; Bruce 1977:126-133; Becker 1989:437-446; 148-164; u. a.

132 Tennent 2006:110.

133 Siehe dazu unter anderem MacMullen in seiner herausragenden Arbeit über die Ausbreitung des Christentums in dieser ersten Phase der christlichen Geschichte, der geradezu das Gegenteil beweist. Die ersten Christen standen immer vor der eindeutigen Wahl zwischen ihrer alten Religion und ihrem Anspruch an den neuen Glauben an Jesus dem Christus (MacMullen 1984:86; 109-110.

von den Vertretern vorgelegt wird, erweist sich als unvollständig. Im Grunde tragen die vorgetragenen Texte eher zu einer generellen Notwendigkeit der Kontextualisierung des Evangeliums in den religiösen Räumen bei. Zur möglichen Beibehaltung der ursprungsreligiösen Identität liefern sie keine schlüssigen Argumente.

3.3.3. Was geschieht in der Praxis?

Eine biblisch-theologische Begründung des C5-Ansatzes erweist sich als eher schwierig. In der Regel verweisen die Verfechter des Ansatzes dann auf die angeblich erfolgreiche Praxis. Die Bewegung sei eine genuine Erweckung und der Geist Gottes sei der eigentliche Autor dieser Bewegung.[134] Jesus nachfolgende Muslime bleiben ihrem neugewonnenen Glauben treu und verfallen nicht in den Synkretismus, wird hier behauptet. Es war Phil Parshall, der im Oktober 1998 seine Sorge zum Ausdruck brachte, dass die hochspektrale Kontextualisierung dem Synkretismus Tür und Tor öffne.[135] Der Vater der neuen Wege der Evangelisation sah nun in der Beibehaltung der islamischen religiösen Identität eine potenzielle Entwicklung, die der Entwicklung des Glaubens im islamischen Raum eher hinderlich sei. Man müsse doch immer weitergehen, als das die islamische Religiosität erlaube. Sein Buch *Beyond the Mosque*[136] bringt diese Forderung sogar schon im Titel zum Ausdruck.

Im Jahr 1998 veröffentlichte Phil Parshall eine Studie, die von 25 Interviewteams in 66 muslimischen Dörfern mit einem hohen Anteil an Isa-Gläubigen durchgeführt wurde. Die 72 befragten Leiter, die 4500 C5-Isa-Gläubige repräsentierten, gaben mit 97 % an, dass für sie Isa der Erlöser sei und man durch ihn und nicht durch die Gebete zu Mohammad erlöst werden würde. 76 % der Befragten gaben an, sich immer wieder mit anderen Isa-Nachfolgern im Geheimen zu treffen, um die Bibel zu studieren,

134 Andere Stimmen behaupten dagegen, dass die C5-MBBs nur ein Produkt des hochspektralen Ansatzes der Missionsgesellschaften aus dem Westen seien. Siehe in dieser Hinsicht: Butcher, Nikides 2006:3f.

135 Parshall 1998:404-406; 409-410.

136 Parshall 1985:177-227.

gemeinsam Gottesdienst zu feiern und Gemeinschaft zu pflegen. Das waren ermutigende Zahlen. Auf der anderen Seite gaben 96 % an, dass für sie der Koran eines der vier vom Himmel offenbarten heiligen Bücher sei, und zwar neben dem Gesetz (Torah), den Propheten (Zabur) und dem Evangelium (Injil). 66 % behaupteten gar, dass der Koran das größte der vier Bücher sei. Andere Ergebnisse waren noch problematischer. 45 % der Probanden gingen nicht davon aus, dass Gott als Vater, Sohn und Heiliger Geist zu sehen ist.[137]

Neuere Untersuchungen bestätigen diese Zahlen. Die Mehrheit der messianischen Muslime scheint keine Klarheit über die zentralen Lehren des Neuen Testaments zu haben, und zwar genau am Schnitt der beiden Religionen, lehnt doch der Islam mit absoluter Vehemenz die Vorstellung vom dreieinigen Gott oder vom Tod und der Auferstehung Jesu ab.[138] Phil Parshall, der ansonsten immer wieder für eine weitgehende Kontextualisierung des Evangeliums in die islamische Kultur plädierte, äußerte wegen solcher Ergebnisse grundsätzliche Zweifel, ob es möglich sei, Jesus als Herrn und Erlöser wirklich nachzufolgen und zugleich eine islamische religiöse Identität zu behalten.[139] Andere, wie Joshua Massey, spielen diese Ergebnisse eher herunter und unterstreichen die Tatsache, dass diese Muslime eine persönliche Beziehung zu Jesus gefunden haben. Darauf komme es schließlich an, und nicht auf eine Akzeptanz von christlichen Dogmen, die Jahrhunderte nach der apostolischen Zeit formuliert wurden.[140] Ähnlich argumentiert Rick Brown, der die Bedeutung des Glaubens an die Gottheit und den Sühnetod relativiert. Brown schreibt:

> „Die Dogmen über die Gottheit Jesu und den stellvertretenden Sühnetod Jesu sind herrlicher Teil der Guten Nachricht und es ist wert, diese mit den Suchenden zu besprechen, wie es Paulus mit den Römern tat. Aber das biblische Zeugnis beweist klar,

137 Parshall 1998:406.

138 Siehe hierzu Nikides 2006:3f.

139 Parshall 1998:406.

140 Massey 2004:29.

> dass es zwar für den Jünger Jesu wichtig sei, die Dogmen zu verstehen, dies aber dennoch keine Voraussetzung für Erlösung sei."[141]

Damit unterscheidet Brown zwischen dem, was ein Christ unbedingt wissen und glauben muss, um eine Beziehung zu Jesus aufzubauen, und dem, was im Laufe des Jüngerschafts-Prozesses alles dazugelernt werden kann. Dass niemand von uns Christen bereits am Tag seiner Bekehrung zu allen wichtigen Doktrinen des christlichen Glaubens gestanden, geschweige denn diese verstanden hat, ist schwer von der Hand zu weisen. Die Frage ist jedoch gerade im islamischen Raum berechtigt, in dem ein recht deutliches Zerrbild von der Person und dem Werk Isas herrscht. Um potenzielle Missverständnisse und damit Synkretismen zu vermeiden, sollten diese Fragen doch deutlicher geklärt werden. Immerhin schließt der Islam sowohl den Sühnetod als auch die Auferstehung Jesu aus, kann nichts mit seiner Gottheit anfangen und reduziert sein Heilswerk wesentlich auf die im Islam hervorgehobene menschliche Seite seines Dienstes.

Die Vertreter von C5 werden nicht müde zu betonen, dass der Heilige Geist auch da zu wirken vermag, wo, wie Dean Gilliland es einmal ausdrückte, „die Gläubigen schlecht informiert und manchmal gar verführt worden sind".[142] Das lässt sich in der Tat an vielen Stellen aus dem Neuen Testament belegen. Der Schächer am Kreuz wird sicher nicht kurz vorher einen Glaubenskurs belegt haben, genausowenig wie der Kerkermeister von Philippi, der samt seiner Familie durch das Zeugnis des Paulus gläubig wurde. Beispiele aus dem Neuen Testament und aus der Missionsgeschichte geben genug Grund zu glauben, dass persönliche Errettung nicht notwendigerweise Hand in Hand mit einer weitgehenden Kenntnis der Grundwahrheiten des christlichen Glaubens gehen muss. Ich selbst bin als atheistisch sozialisierter junger Mann ohne tiefe Kenntnisse der christlichen Religion zum Glauben an Jesus gekommen und habe mich erst viel später mit den grundlegenden

141 Brown 2000:14-15.
142 Gilliland 1998:417.

Lehren meines neuen Glaubens beschäftigt. Man kann schon zu einer Beziehung mit Jesus kommen, ohne die theologischen Implikationen einer solchen Beziehung zu verstehen. Niemand kann und niemand wird an dieser Stelle die Validität einer „unvollständigen" theologischen Information anzweifeln. Die Frage ist jedoch, ob man auf der Stufe des Erstkontakts zu Jesus stehen bleiben darf. Genau das behaupten aber die C5-Vertreter. Sie wollen die Jesus-Nachfolge in eine bewusst gelebte, in diesem Fall islamische Religiosität verorten. Nicht die Möglichkeit der Bekehrung des Muslims im Rahmen seiner islamischen Glaubensvorstellungen steht hier zur Debatte, sondern die Nachfolge, die Jüngerschaft eines zum Glauben an Jesus gekommenen Menschen.

Die Untersuchung gelebter Praxis der C5-Gläubigen lässt an dieser Stelle doch erhebliche Zweifel zurück. Die Treue zum Islam ist nicht so einfach mit der Treue zu Jesus zu harmonisieren. Wer zum Koran als Heiliges Buch steht, der muss auch wissen, dass wesentliche Teile des Korans die zentralen Aussagen des Neuen Testaments über die Erlösung in Christus ablehnen. Christine Schirrmacher weist darauf hin, dass die islamische Theologie grundsätzlich die Notwendigkeit einer Erlösung ablehnt.[143] Der Koran ist als Ganzes nicht mit dem Neuen Testament kompatibel. Die Vertreter einer hochspektralen Kontextualisierung plädieren an dieser Stelle für eine Neuinterpretation der entsprechenden Passagen des Korans. So setzt sich der arabische Gelehrte und Pastor Accad vehement dafür ein, die Aussagen des Korans über den Tod und die Kreuzigung Jesu neu zu interpretieren.[144] Aber eine christliche Neuinterpretation erhöht keineswegs die Kompatibilität der islamischen Theologie, die sich ja bekanntlich nur zum Teil ihres Heiligen Buches bedient.[145] Wesentliche Glaubensvorstellungen entstammen dem Hadith. Schließlich sucht nicht der treue Muslim die Aufnahme im Haus des Islam, sondern der Isa-Nachfolger. Die Konzentration auf Erlösung und Rechtfertigung

143 Schirrmacher 1996:16ff.

144 Accad 1997:34-46; 138-141.

145 Was Muslime von einer nicht-islamischen Interpretation ihrer Glaubenslehren halten, zeigt deutlich das viel beachtete Werk von Abdul-Rauf (2001).

allein, wie das die C5-Vertreter tun, führt, wie David Hesselgrave bemerkte, zu jenem „mehr oder weniger dubiosen systematisch-theologischen Lehrgebäude“.[146] So erweist sich aus der missionarischen Praxis eine Begründung des C5 als Gemeindebaumodell als eher problembeladen und schwierig.

3.3.4. Umma oder Gemeinde?

MBBs, die sich als Muslime identifizieren, oder Hindus, die sich als Jesus-Nachfolger verstehen, spielen die Zugehörigkeit eines Nachfolgers Jesu zur Gemeinschaft der Gläubigen herunter. Die bloße Zugehörigkeit zu Jesus genügt – das ist die Botschaft.[147] Die Frage sei deshalb erlaubt, ob Nachfolge Christi außerhalb einer sichtbaren Gemeinde wirklich wahrgenommen werden kann. Mit anderen Worten: Kann die Soteriologie von der Ekklesiologie getrennt werden? Das Neue Testament kennt ein solches von der Jesus-Gemeinschaft getrenntes Glaubensleben nicht. Hier kamen Menschen zum Glauben an Jesus, ließen sich taufen und wurden der Gemeinde hinzugetan.[148] Der Heilige Geist, der in den Menschen den Glauben an Jesus wirkt *(creator fidis)*, erweist sich zugleich auch als der *creator ecclesiae*.[149] Tennent verweist auf den Text in Judas 3, der deutlich macht, dass der christliche Glaube als kollektiver Glaube aller Heiligen zu verstehen ist.[150] Und Paulus wird in seinen Schriften nicht müde, darauf hinzuweisen, dass das von ihm gepredigte Evangelium ein Evangelium vom gekreuzigten und auferstandenen Jesus ist (1Kor. 1,23; 1Kor. 15,1ff), das den Leib Christi, die Gemeinde, konstituiert (Eph. 1,3-23). Dieser Glaube ist für alle Nachfolger Jesu bezeichnend. Man kann da nicht beliebig ausscheren und wesentliche Positionen der Glaubenslehre auf Dauer für irrelevant erklären, auch wenn diese sich weder kulturell noch religi-

146 Hesselgrave 1989:215.

147 Travis 2003:21.

148 Siehe Apg. 2,37ff. Siehe hierzu die herausragende Studie von David Seccombe (1998:349-372).

149 Siehe hierzu meine Ausführungen zur neutestamentlichen Ekklesiologie in Reimer 2009:259ff.

150 Tennent 2006:111.

ös im Kontext halten lassen. In solchen Fällen haben die Gläubigen schon immer Verfolgung auf sich genommen und sind den Weg des Leidens gegangen (siehe hierzu 1Petr. 1ff).

Persönliche Nachfolge Jesu und die Zugehörigkeit zum Leib Christi gehören zusammen.[151] Es fällt auf, dass die Vertreter von C5 in der Regel aus parakirchlichen Organisationen kommen, die sich auf persönliche Evangelisation spezialisiert haben und die Einbindung des Gläubigen in die Gemeinschaft der Gläubigen als eher sekundär betrachten. Typisch für diese Missionare ist eine weitgehende Individualisierung ihres eigenen Glaubens auf der einen und eine Relativierung ihrer Einbindung in die lokale Gemeinde auf der anderen Seite. Andere Missionsorganisationen, die sich eher mit dem Aufbau von Gemeinden beschäftigen, betonen dagegen die Notwendigkeit der Integration der Konvertiten aus dem Islam in christustreue Gemeinden.[152]

Wir fassen zusammen. Der C5-Ansatz lebt von der theologischen Reduktion des Missionsauftrags auf die Frage der Erlösung, getragen vom westlichen Individualismus, der den Glauben als Privatsache betrachtet. Im Zentrum steht die persönliche Beziehung zwischen Jesus und dem Individuum. Alle anderen Fragen werden als sekundär gesehen. So erscheint das bewusste Festhalten an einer islamischen religiösen Identität plausibel und akzeptabel. Die Gefahr eines solchen Vorgehens liegt auf der Hand. Hier werden Menschen zu Jesus geführt und zugleich dem Volk Gottes entfremdet, indem sie in eine nicht-christliche Religiosität eingebunden werden – biblisch gesehen wohl ein kaum zulässiger Vorgang. Diesem Vorwurf begegnen die Befürworter der C5 mit purem Pragmatismus, wie das Beispiel von Herbert Höfer zeigt. In seinem Artikel mit dem bezeichnenden Titel „Proclaiming a Theologyless Christ“ (Einen theologielosen Christus verkündigen) schreibt er:

---

151 Siehe hierzu den überaus überzeugenden Aufsatz von Jonathan Bonk (2008), der genau an diesen Stellen seine Anfragen an die asiatischen Vorstellungen von Erlösung stellt.

152 Tennent 2006:112.

> „Können wir einmal auf die Gemeinde als ein Haus mit vielen Türen sehen? Da macht es keinen Unterschied, welche Tür sie benutzen, um in das Haus zu gelangen. Wenn sie das Haus untersuchen, kommen sie so oder anders zur ganzen Wahrheit. Der Schlüssel zu jeder Tür ist die Bereitschaft, Jesus als den Herrn über das eigene Leben zu akzeptieren. Wie das vor sich zu gehen hat, das ist in Absprache mit den anderen im Haus eine Frage von Freiheit und Kreativität."[153]

Ist die C5-Bewegung synkretistisch? Bill Nikides schreibt dazu:

> „C5 behauptet, dass man sich wünsche, jeden Synkretismus zu vermeiden, aber das ist ungefähr so, als wollte man die Kühe im Stall schützen, indem man die Tür schließt, nachdem diese bereits verschwunden sind. Ihre Identitätskrise mit den geteilten Loyalitäten, die verführerischen religiösen Praktiken, das anhaltende Festhalten an einer unbiblischen Theologie ... all das sind Belege für Synkretismus."[154]

Die synkretistische Potenz einer hochspektralen Kontextualisierung ist tatsächlich nicht von der Hand zu weisen. Auf lange Sicht wird hier ein anderer Jesus gelehrt und damit auch einem anderen Jesus nachgefolgt.[155] Einen solchen Vorgang gab es in der Kirchengeschichte nicht nur einmal. Man muss sich nur die Entwicklung der aus dem Christentum stammenden Sekten wie die der Zeugen Jehovas, der Mormonen etc. ansehen. Die Akzeptanz eines Jesus ist noch lange keine Nachfolge Jesu Christi.

3.3.5. Die Frage nach der Redlichkeit

Alle heutigen C5-Verfechter wehren sich gegen den Übertritt von christlichen Missionaren zum Islam mit dem Ziel effektiverer Evangelisation. Für sie ist ein solcher vorgeschobener Über-

153 Höfer 2005:98.
154 Nikides 2006:14.
155 Siehe an dieser Stelle die wiederholte Kritik von Parshall 2004:288-293.

tritt ethisch nicht zu vertreten. Es wäre ja de facto ein „nur vorgeschobener Übertritt". Die Frage ist nun, ob es denn ethisch zu vertreten ist, sich religiös islamisch zu verhalten und mit dem Herzen Jesus, dem Messias, zu folgen. Denn genau das erwarten die C5-Befürworter doch von ihren Konvertiten im Islam. Joshua Massey beschreibt ein solches islamisch-ethisches Verhalten in der Einhaltung äußerer Formen der islamischen Kultur.[156] Doch, wie Tennent mit Recht hinweist, sind das weniger religiöse als vielmehr kulturelle Identitätsmerkmale, die übrigens auch von C4-MBBs praktiziert werden.[157] Wenn der C5-Gläubige wirklich an der islamischen religiösen Identität festhält, dann wird er diese nur durch die Akzeptanz Mohammads als gesetzgebende Instanz und durch die Ablehnung der Gottheit Jesu gewinnen können. Phil Parshall weist darauf hin, dass „die muslimische Moschee schwanger geht mit islamischer Theologie, in der Mohammad als Prophet Gottes bestätigt und die Gottheit Christi konstant verleugnet wird".[158] Kann ein Jesus-Gläubiger das unterstützen? Wohl kaum. Wenn er aber nur so tut, als ob, dann ist sein Verhalten ethisch fraglich und gefährlich dazu. Für Tennent sind die C5-MBBs eine Art „fünfte Kolonne" im Islam, die, einmal entdeckt, mit scharfer Ablehnung seitens der Muslime zu rechnen hat.[159] In der Regel ist danach das christliche Zeugnis für Jahre unmöglich gemacht. Und das, was ursprünglich als Vorteil erschien, erweist sich als größter Nachteil. C5 wird von seinen Verfechtern als probates Mittel für eine weitflächige Hinwendung der Muslime an Jesus gesehen. In der Praxis könnte der Ansatz jedoch genau das Gegenteil bewirken. Als subversive Kraft im Islam enttarnt, würden die C5-MBBs harsche Verfolgung auf sich nehmen müssen.

156 Massey 2000:9.

157 Tennent 2006:113.

158 Parshall 1998:409; 2004:288ff.

159 Tennent 2006:114.

3.3.6. Menschen anderen Glaubens kommen zu Jesus – wie gehen wir damit um?

Ist C5 ein denkbarer Ansatz zur Evangelisation der Muslime, Hindus und Vertreter anderer nicht-christlicher Religionen? Können Menschen anderen Glaubens im Zuge einer weitgehenden Kontextualisierung für den Glauben an Jesus Christus gewonnen werden? Niemand wird ernsthaft die Tatsache in Zweifel ziehen, dass heute Muslime zum Glauben an Isa kommen, ohne dass sie vorher eine typisch christliche Belehrung erfahren haben. Sie begegnen Jesus in ihren Träumen, hören ihn reden, sehen Visionen und erfahren andere überaus übernatürliche Signale seiner messianischen Vollmacht. Ich denke da an eine Begegnung mit einer jungen Frau aus Nordafrika, die am Rande einer Evangelisation plötzlich in das Seelsorgezimmer kam, mich an der Hand packte und fragte, ob ich Johannes Reimer sei. Ich bestätigte. Dann fragte sie mich, ob ich ihr den Weg zu Isa, dem Messias, weisen könne. Wieder bestätigte ich. Und dann erzählte sie mir, wie sie in der zurückliegenden Nacht einen Traum hatte. Isa sei ihr erschienen und habe ihr gesagt, sie solle ihn suchen und finden. Und er habe ihr das Haus, in dem die Evangelisation mit mir stattfand, und mich, den Evangelisten, im Traum gezeigt. Deutlich hörte sie meinen Namen. Deshalb war sie nun gekommen. Nie zuvor habe sie Kontakt zu Christen gehabt. Sie sehnte sich nur vor allem danach, Allah näherzukommen, und dann passierte das alles mit Jesus.

Von ähnlichen Begegnungen mit dem auferstandenen Christus berichten ehemalige Buddhisten und Hindus, Taoisten und Konfuzianer (mehr dazu weiter unten). Offensichtlich wirkt Jesus unter Menschen anderer Glaubensüberzeugungen auch auf Wegen, die sich nicht klassisch einordnen lassen.

Wie geht man mit einer solchen Erfahrung um? Wie führt man eine solche Person zu Jesus? Und wenn sie Jesus gefunden hat, lässt man sie dann im Raum ihrer Religion hinter sich?

Eine generelle Übernahme eines der oben vorgeschlagenen Modelle verbietet sich allein schon deshalb, weil es keinen einheitlichen Hinduismus, keinen einheitlichen Buddhismus oder Islam und auch keine einheitliche entsprechende hinduistische, buddhistische oder islamische Kultur gibt. Joshua Massey zeigt deutlich, wie schwierig eine Einordnung der Muslime z. B. in einen Verhältnisrahmen zum Islam ist.[160] Massey hat an dieser Stelle eine Skala von M1 bis M9 vorgeschlagen, die von absoluter Gleichgültigkeit der Muslime zu ihrem Glauben bis zum radikalen Fanatismus reicht.[161]

Gerade durch die Globalisierung hat sich das Verhältnis der Muslime zu ihrem Glauben noch einmal weiter diversifiziert. Monshipouri unterscheidet drei Typen muslimischer Reaktion auf die Globalisierung.[162] Der erste Typ, der Konservative, lehnt jeden Einfluss der Globalisierung ab und behält somit die islamische Glaubenspraxis unverändert. Globalisierung wird hier als der Versuch des Westens gewertet, die Welt zu beherrschen. Der zweite Typ, der Modernist, sucht den Islam zu modernisieren und fördert daher eine Erneuerung und Anpassung der Glaubensvorstellung auf die Bedürfnisse des modernen Menschen, um so zu einem globalen Akteur gelebter Spiritualität zu avancieren. Und der dritte Typ, der Liberale, würde am liebsten den Islam in jeder Hinsicht religiös und kulturell so anpassen, dass er zu einem allgemein akzeptierten religiösen Gut der Menschen werden könnte.

Muslime sind nicht alle gleich. Wer sie mit dem Evangelium erreichen will, der wird sich um einen differenzierten Zugang bemühen müssen. Hesselgrave und Rommen sprechen an dieser Stelle von der Notwendigkeit, „den Kontext innerhalb von Kontexten" zu berücksichtigen.[163] Kein Ansatz kann also alle Schattierungen einer diversifizierten religiösen Gesellschaft allein abdecken. Das gilt vor allem für den urbanen Raum. Zu bunt sind die städtischen sozialen Räume, zu wandelbar, zu synkretistisch, um sie unter einem religiösen System vereinen zu können. Jeder Versuch, eine bestimmte Methode zu idealisieren, muss deshalb im Ansatz scheitern.

Menschen anderen Glaubens können nur, wie übrigens alle

160 Massey 2000:12.

161 Ebd.

162 Monshipouri 2002:99.

163 Hesselgrave 1989:165.

Menschen, die Jesus nicht kennen, in der Sprache ihres Herzens angesprochen werden. Sie müssen verstehen, was man ihnen an Glaubensalternativen anbietet. Das Evangelium muss also in ihrer Sprache verkündigt werden, ihre religiösen Symbole nutzen, ihre Sehnsüchte und Bedürfnisse ansprechen. Das verlangt nach einer bewussten Kontextualisierung der christlichen Botschaft. Gleichzeitig muss man sich auch der Grenzen christlicher Kontextualisierung bewusst sein. Pocock definiert Kontextualisierung als einen Prozess der Adaption der Formen und des Inhalts des christlichen Glaubens in einer solchen Weise, dass der Glaube zu den Herzen und dem Verstand der Menschen im Kontext kommuniziert werden kann. Dabei muss es dem Kontextualisierer darum gehen, den Glauben als Ganzes im Blick zu behalten.[164] Damit ist das Studium sowohl der Kultur des betroffenen Adressaten als auch der Botschaft des Evangeliums unbedingte Voraussetzung.[165]

Kontextualisierung ist möglich, weil jede menschliche Kultur und jede Religion Spuren des göttlichen Handelns aufweist.[166] Deshalb findet das Evangelium in jede Kultur Zugang und der Glaube kann in jede Kultur inkulturiert werden.[167]

Allerdings ist der Prozess der Inkulturation keineswegs einfach. Unkritische Kontextualisierung kann schnell zu synkretistischen Entwicklungen führen, die dann der Ausbreitung des Evangeliums eher schaden.[168] Paul Hieberts Konzept einer kritischen Kontextualisierung kann hier weiterhelfen.[169] Eine solche Kontextualisierung (a) stellt sich der kulturellen Realität, in die das Evangelium übersetzt werden soll, (b) überprüft die kulturellen Werte auf dem Hintergrund der biblischen Offenbarung, (c) evaluiert die kulturelle Praxis auf dem Hintergrund biblischer Lehren und (d) formuliert eine neue Praxis, die transformative Dienste ermöglicht.[170]

Wendet man diese Kriterien an, dann wird man sicher nicht

164 Pocock 2005:323.

165 Hesselgrave 1989:128.

166 Luzbetak 1988:72.

167 Bosch1991:453.

168 Hiebert 1994:84.

169 Hiebert (1995:168.

170 Gilliland 1999:21-29.

mehr von der Möglichkeit einer C5-Kontextualisierung reden können. C5 kann *per definitionem* nicht das Ganze des christlichen Glaubens vermitteln. Das Festhalten an der islamischen oder einer anderen nichtchristlichen Religiosität erweist sich hier als unüberwindbare Barriere. Andere Ansätze auf dem C1-C5-Spektrum von John Travis sind dagegen willkommene Modelle der Kontextualisierung und sie werden je nach religiöser und kultureller Situation ihre Berechtigung haben.

Hochspektrale Kontextualisierungsvorstellungen im Sinne von C5 können dagegen als Anknüpfungspunkt für eine strategische Durchdringung des nichtchristlichen religiösen Lebensraumes mit dem Evangelium gesehen werden. Nidas Unterscheidung zwischen „common ground and a point of contact" erweist sich hier als hilfreich.[171] Der Islam und auch die anderen Religionen bieten in der Tat den christlichen Missionaren eine Fülle von Anknüpfungspunkten für das Glaubensgespräch und die Begegnung mit Jesus. Eine religiöse Basis für den Glauben im Sinne des Neuen Testaments bietet er allerdings nicht.

171 Nida 1990:15.

Kapitel 4:

Wie kommen sie zum Glauben?

4.1. Viele Wege führen zu Christus

Wie kommen Menschen zum Glauben an Jesus? Gibt es gar den einen allgemeingültigen Weg? Sind Menschen, die bereits einem anderen Glauben anhängen, bevorzugt oder eher benachteiligt? Fällt es ihnen leichter, Jesus als ihren Herrn zu akzeptieren, oder ist ein solcher Weg der Konversion mit Widerstand verbunden? Auf diese Fragen braucht eine evangelisierende Gemeinde Antworten, wenn sie sich auf den Weg macht, Andersgläubige für Jesus zu gewinnen.

Sieht man sich die Bekehrungsgeschichten von Muslimen, Hindus, Atheisten und Anhängern anderer Religionen einmal an, dann ist man überrascht, wie vielfältig diese Berichte sind. Man hat zuweilen den Eindruck, dass es nicht nur einen Weg zu Jesus gibt, sondern viele. Einige Beispiele aus meiner eigenen Praxis sollen das verdeutlichen:

Raja[172] und seine Familie flohen gleich nach dem Ausbruch des tamilischen Aufstandes aus Sri Lanka. Sie bezeichneten sich gerne als liberale Hindus. In ihrem Haus konnte man deutlich Spuren ihrer hinduistischen Spiritualität sehen. Über viele Jahre pflegten wir zu Raja ein freundschaftliches Verhältnis. Willig nahmen er und seine Frau unsere Einladung an, besuchten uns, und auch wir wurden regelmäßig in ihr Haus eingeladen. Wir wurden Freunde. Sie kamen auch immer wieder zum tamilischen Gottesdienst in unsere Gemeinde. Über eine persönliche Beziehung zu Jesus wollte Raja aber nicht gerne reden. Begann ein solches Gespräch, dann ergriff er die nächste Gelegenheit, nach Hause aufzubre-

172 Alle Namen sind verändert worden.

chen. Immer blieb er dabei freundlich. Erst als seine Familie von schwerem Unglück getroffen wurde, kam Raja zu einem der tamilischen Brüder und sagte ihm, er brauche Hilfe von Jesus. Und als dann nach dem Gebet des Bruders ganz überraschend Hilfe eintraf, begann er mehr nach Jesus zu fragen – nach über zehn Jahren freundschaftlicher Beziehung. Als er dann schließlich sein Leben Jesus gab, sagte er, es habe wohl deshalb so lange gedauert, weil er in der Begegnung mit uns immer den Eindruck hatte, dass wir durch unseren Glauben alles in seiner eigenen Kultur infrage stellten. Die Hindu-Religion sei doch so alt, es könne doch nicht sein, dass man an ihr nichts Gutes finde, meinte er. Jesus hatte ihn weniger durch unsere Worte als durch seine Kraft überzeugt.

Pushpan traf ich in Kalifornien. Er studierte genauso wie ich Theologie. Ursprünglich kam er aus einer buddhistischen Familie in Nepal. Als buddhistischer Mönch hatte er eines Tages während des Gebets im buddhistischen Tempel eine Stimme gehört, die ihm sagte, dass er hier im Tempel Gott nie begegnen würde. Diese Stimme ließ ihn nicht los und trieb ihn für Jahre auf die Suche. Er besuchte mehrere buddhistische Klöster und immer wieder kam ihm diese Stimme, die ihm zeigte, dass auch hier Gott nicht zu finden sei. Dann eines Tages in Nordindien hörte er Gesang und die Stimme kam wieder zu ihm und sagte ihm, dass er diesem Gesang nachgehen solle. Da würde er Gott finden. Als er das tat, landete er in einer christlichen Versammlung. Und es dauerte nicht lange und Pushpan gab sein Leben Jesus. Wie kam er zum Glauben? Wäre es zu viel gesagt, wenn man vermutet, dass Gott ihn selbst zu den Christen geführt hat?

Ahmed war so verärgert über einen Vortrag von mir, in dem ich Muslime für ihren Glauben bewunderte und dann aber noch mehr Verwunderung zeigte, weil sich Allah trotz so viel Hingabe den Muslimen verweigerte und ihnen keine persönliche Gemeinschaft gewährte. Wir Christen aber, die wir oft sogar weniger hingabebereit seien, kennen Gott persönlich. Zu uns spricht er, während Allah den Muslimen gegenüber schweigt. Ahmed suchte mich auf, und schon bald saßen wir regelmäßig zusammen und studierten die Bibel und den Koran. Am Ende verstand Ahmed, dass er nur in Isa, dem Messias, den Zugang zur persönlichen Gemeinschaft mit Gott haben könne. Er entschloss sich, sein Leben Jesus zu geben, und ließ sich auch bald danach auf seinen Glauben taufen.

Jeder dieser Menschen hat auf seine eigene Weise zum Glauben an Jesus gefunden. Gott kennt den Weg zum Herzen eines Menschen. Und seine Wege sind persönlich. So persönlich, dass es uns schwerfallen würde, alle diese Wege in einem Buch einzufangen. Das habe ich auch nicht vor. Vielmehr geht es mir darum, Ansätze aufzuzeigen, wie man den jeweiligen Menschen ansprechen kann, wo Ansätze zu einer Beziehung möglich sind und eventuell sogar zum Gespräch über den Glauben und wie eine Konversion zu Jesus aussehen könnte.

4.2. Bekehrung verstehen

Wie kommen Andersgläubige zum Glauben an Jesus? Wie vollzieht sich die Lebensübergabe an Jesus? Welche Rolle kommt hier dem Menschen, welche Gott zu? In meiner Tradition spricht man von Bekehrung als dem entscheidenden Schritt der Hingabe. Was aber ist Bekehrung und wie erleben Menschen diesen Akt in ihrer jeweiligen Umwelt? Es genügt ein flüchtiger Blick in die Literatur, um zu sehen, wie kompliziert diese Fragen sind.[173] Dabei ist entscheidend, was man unter Bekehrung versteht. Erst dann kann nach der aktiven Umsetzung im Leben von Menschen gefragt werden. Der einfachste Weg, nach allgemeinverständlichen Mustern zu fragen, ist die Durchführung einer empirischen Studie, die Bekehrte aus unterschiedlichen Ländern befragt, wie sie den Weg zu Jesus gefunden haben. Mehrere solcher Studien liegen uns vor.[174] Allen von mir verglichenen Studien lag ein mehr oder weniger ähnliches Vorgehen zugrunde:

173 Einen umfassenden Überblick zum Thema Bekehrung finden Sie bei: Frend 1980:439-486; siehe auch: Coenen 1993:69-76.

174 In dieser Arbeit beziehe ich mich vor allem auf die Studien von Jakob Zweininger, der nach den Konversionsmustern vom postmarxistischen, muslimischen Kirgisen in Zentralasien fragte (Zweininger 2009), und Reinhold Strähler, der muslimische Konvertiten in Kenia befragte (Strähler 2010).

- Sie suchten den Prozess der Konversion aus unterschiedlichen Perspektiven – psychologisch, soziologisch, kulturell und spirituell – zu verstehen.
- Sie hatten einen gemeinsamen biblisch-theologischen Begriff der Bekehrung.
- Sie suchten zu begreifen, welche Faktoren zur Bekehrung beitrugen und welche nicht.

Ich schließe mich diesem Vorgehen an und kläre zunächst den Begriff der Bekehrung biblisch-theologisch, danach frage ich nach den Perspektiven der Konversion und folgere schließlich mit den Faktoren, die eine solche spirituelle Wende herbeiführen.

4.3. Bekehrung – was sagt die Bibel?

4.3.1. Zum Begriff und seinen Bedeutungen

Im Neuen Testament wird an mehreren Stellen der Vorgang der Hinwendung des Menschen an Gott beschrieben. Dabei werden in der Regel zwei Begriffe genutzt *epistrophê / epistrephô* und *metanoia / metanoeô*. *Epistrephô* bedeutet *wenden, umwenden, zurückkehren* und wird neben profanem Gebrauch[175] auch (20-mal) für die Hinwendung des Menschen an Gott gebraucht. Hier gibt die Luther-Übersetzung den Begriff konsequent mit „bekehren" wieder. So in der Ankündigung der Taten des kommenden Messias in Lk. 1,16: „Und er wird vom Volk Israel viele zu dem Herrn, ihrem Gott, *bekehren.*" Oder wenn es im 1. Petrusbrief heißt: „Denn ihr wart wie die irrenden Schafe; aber ihr seid nun *bekehrt* zu dem Hirten und Bischof eurer Seelen" (1Petr. 2,25). *Epistrephô* wird in der Septuaginta zur Übersetzung des hebräischen *schûb* verwendet (Hes. 14,6; Ps. 51,15; Jes. 6,10), wo dieses die Bekehrung, Umkehr zu Gott, bezeichnet. Im Neuen Testament wird der Begriff ähnlich verwendet als Beschreibung der Hinwendung zu Gott (so z. B. in Apg. 15,19). Eine solche Hinwendung hat für den Betrof-

175 Der Begriff kommt in dieser Verwendung 19-mal im NT vor. Siehe z. B. Off. 1,12 u. a.

fenen immer umfassende Konsequenzen, weil sie die Änderung des gesamten Lebens nach sich zieht.[176]

Der zweite Begriff, der im Neuen Testament den Akt der Hinwendung an Gott beschreibt, ist *metanoia.* Das Wort steht für eine Sinnesänderung und Umkehr, denen Reue und Buße vorausgehen. Auffällig oft benutzt Jesus dieses Wort. Von den 34 Stellen im NT beziehen sich 21 direkt auf Jesus. In Mk. 1,15 lesen wir zum Beispiel: „Die Zeit ist erfüllt, und das Reich Gottes ist herbeigekommen. *Tut Buße (metanoia)* und glaubt an das Evangelium!" Wie Jesus, so gebrauchen im NT auch Johannes der Täufer (Mt. 3,12), Petrus (Apg. 2,38) oder auch Paulus (1Thess. 1,9) den Begriff im Sinne einer umfassenden Umkehr, die sich durch eine bewusste Entscheidung und ein entsprechendes Bekenntnis zu Jesus manifestiert (Röm. 10,6).

In der praktisch-theologischen Rezeption des Begriffsfeldes wird in der Regel das Gleichnis Jesu vom verlorenen Sohn als klassisches Bild des Bekehrungsaktes herangezogen (Lk.15,1ff). Das Gleichnis beschreibt die Hinwendung des Menschen zu seinem Vater (Gott) in 4 Akten: (1) Abwendung des Menschen von Gott und der Entschluss, ein eigensinniges Leben zu führen; (2) Verlust aller Existenzgrundlagen und Buße über das eigenwillig gelebte Leben; (3) Erkenntnis der Güte des Vaters und Beschluss zur Rückkehr; (4) Annahme des Verlorenen durch den Vater, Vergebung und Wiederherstellung.

Diese vier aufgezeichneten Akte machen auch die entscheidenden Elemente einer biblischen Theologie der Bekehrung deutlich. Diese wird folgende Fragen zu klären haben:

a. Was konstituiert die Verlorenheit des Menschen? Erst wenn klar wird, dass der Mensch heilsbedürftig ist, kann verantwortlich über Heil gesprochen werden. In den Begriffen einer Theologie der Bekehrung ausgedrückt: Bekehren kann man sich nur, wenn klar ist, wovon man sich bekehren muss.

176 Siehe an dieser Stelle die entsprechenden Hinweise über die Bekehrung der Heiden in der Apostelgeschichte (Apg. 15,3).

b. Was ist Heil und wie erlangt der Mensch den Zugang zum Heil? In anderen Worten: Wenn die Notwendigkeit einer Bekehrung etabliert ist, wie kann sie effektiv erlebt werden?

c. Worauf zielt die Bekehrung und was folgt einer erfolgreich erlebten Hinwendung?

Alle drei Fragestellungen werden in der Theologie der Bekehrung aufgenommen, und je nachdem, wie die Antwort ausfällt, wird letztlich die Praxis aussehen. Wir nähern uns dem Thema zunächst aus der Perspektive des Neuen Testaments.

4.3.2. Alle Menschen sind Sünder

Unmissverständlich konstatiert der Apostel Paulus das ewige Dilemma der Menschen – sie „sind alle Sünder und ermangeln der Herrlichkeit Gottes" (Röm. 3,23). Und Johannes bestätigt diese radikale Aussage, indem er jeden Menschen, der behauptet, ohne Sünde zu sein, der Lüge bezichtigt (1Joh. 1,9). Auf die Sünde steht der Tod (Röm. 6,23). Es ist diese prinzipielle Sündhaftigkeit des Menschen, dieses Verkauftsein unter die Sklaverei der Sünde, was die Notwendigkeit der Umkehr begründet. Der Mensch, der sein eigenes Elend begreift, wird mit Paulus aufschreien: „Ich elender Mensch! Das Gute, das ich will, das tue ich nicht, und das Böse, das ich nicht will, tue ich – wer befreit mich ...?" (Röm. 7,24). Aus diesem Prinzip der Sünde in uns Menschen rühren all die negativen Entwicklungen unserer Biografie und Geschichte (Jak. 4,1ff). Wer das begreift, der wird umkehren wollen! Die Notwendigkeit der Umkehr, der Bekehrung, ergibt sich aus der Misere des Gefangenseins in der Sünde. Wer dieses Gefangensein versteht und Gott bekennt, der kann berechtigterweise auf Vergebung und Wiederherstellung hoffen.

Freilich kann das Gefangensein in der Sünde nicht nur in der mehr oder weniger vernünftigen Entscheidung des Menschen liegen. Auch wenn das Gleichnis vom verlorenen Sohn den Eigensinn des Menschen und seinen freien Willensentschluss unterstreicht, so macht das NT an mehreren Stellen deutlich, dass der Entschluss, außerhalb des Willens Gottes zu leben, auch durch Mächte motiviert wird, die sich grundsätzlich gegen Gott stellen. Unmissverständlich macht der Apostel Paulus deutlich, dass Menschen, die in der Sünde leben, Kinder des Ungehorsams sind, die den Willen des „Fürsten, der in der Luft herrscht“, tun (Eph. 2,1f). Das Gefangensein in der Sünde ist somit auch ein Gefangensein unter der Herrschaft der Mächte der Finsternis. Konsequenterweise ist der Kampf der Menschen weniger ein Kampf gegen Fleisch und Blut, sondern gegen die Mächte und Gewalten, die in dieser Welt eine gottfeindliche Herrschaft etablieren wollen (Eph. 6,12). Der Mensch in der Sünde ist nicht nur von seinem Fehlverhalten gefesselt, er wird fremdbestimmt, missbraucht und beherrscht. Die Notwendigkeit der Umkehr ergibt sich deshalb auch und vor allem aus der Erkenntnis dieses unheilvollen und knechtischen Verhältnisses der Menschen zu den unsichtbaren und doch überaus aktiven Mächten um ihn herum. Sie sind es, die ihn und seine Kultur verunstalten. Sie sind es, die letztlich jene Kultur des alten Menschen schaffen, die korrumpiert und zerstörerisch das Leben zur Mühsal machen. Wer das begreift, der wird sich von diesen Abgöttern abwenden, wie es die Thessalonicher machten, und Gott zuwenden, der das Leben erneuert (1Thess. 1,9).

4.3.3. Das Heil in Christus allein

Umkehr ist durch das Gefangensein des Menschen in der Sünde und den Verstrickungen der Mächte motiviert. Aber umkehren kann man in Wirklichkeit nur dann, wenn man weiß wie. Wie sollen sich Gefangene befreien, wenn die Mauern um sie herum unüberwindbar sind? Wie kommen sie frei, wenn niemand ihnen das Tor öffnet? Freilich werden Menschen, die ihren Zustand begriffen haben, nach Wegen Ausschau halten, diesen Zustand zu verändern. Die Frage nach dem Heil, die Frage nach dem Ausweg, ist eine zentrale Frage aller Religion. Und natürlich gehen alle Religionen davon aus, eine adäquate und effektive Heilsvariante gefunden zu haben. In den nächsten Kapiteln werden wir uns die unterschiedlichen

Wege genauer ansehen. Das Neue Testament erteilt allen diesen Wegen eine deutliche Absage. Weder in der Religion noch in der Kultur gibt es Heil. Zwar kann man Gott in seinem Wirken hier und da erkennen (Röm. 1,18), aber einen Weg zu Gott kennen die Religionen nicht. Unmissverständlich macht Jesus Christus klar, dass er allein der Weg zu Gott ist, wenn er sagt: „Ich bin der Weg und die Wahrheit und das Leben; niemand kommt zum Vater denn durch mich“ (Joh. 14,6). Und diesen Alleinanspruch haben die Autoren des Neuen Testaments immer wieder unterstrichen. Nur in seinem Namen gibt es Heil (Apg. 4,12), Vergebung unserer Sünden und neues Leben (Eph. 1,3ff). „Wer in Christus ist, der ist eine neue Kreatur ...“ (2Kor. 5,17).

Bekehrung ist möglich, wollen die Schriften des Neuen Testaments sagen, weil in Jesus Christus der Zugang zu Gott offengelegt wurde. Er hat die Gefangenschaft gefangen genommen und er kann Menschen Gaben des Lebens geben (Eph. 4,10). So verstand Jesus seinen Auftrag (Lk. 4,18) und so erlebten die Jünger Jesu seine Gegenwart (1Joh. 1,1ff). Die Rede von der Bekehrung ist somit kein religiöses Gedankenkonstrukt, es ist Gottes Angebot an uns Menschen, und zwar an alle Menschen! Denn „Gott will, dass alle Menschen zur Erkenntnis der Wahrheit kommen“ (1Tim. 2,4). Darin liegt das Geheimnis der Liebe Gottes zu der Welt. Der Apostel Johannes drückt es mit seinen berühmten Worten so aus: „Denn also hat Gott die Welt geliebt, dass er seinen eingeborenen Sohn gab, damit alle, die an ihn glauben, nicht verloren werden, sondern das ewige Leben haben“ (Joh. 3,16). Niemand kann behaupten, es gäbe einen anderen Weg zu Gott als diesen. Das Heilsangebot in Jesus ist universal und zugleich absolut exklusiv! Da ist die Bekehrung zu Jesus keine Option, sondern die einzig richtige Entscheidung.

4.3.4. Wiedergeboren zum neuen Leben

Die Hinwendung zu Jesus öffnet die Tür zu Gott und damit zu jenem Leben, das aus seiner göttlichen Hand kommt. Paulus schreibt: „Ist jemand in Christus, so ist er eine neue Kreatur; das

Alte ist vergangen, siehe, Neues ist geworden“ (2Kor. 5,17). Wer Jesus in sein Leben aufnimmt, der erhält die Macht, Gottes Kind zu heißen (Joh. 1,12) und als Gottes Kind zu leben (1Joh. 3,1). Diesen neuen Zustand drücken die Autoren des NT mit dem Wort Wiedergeburt aus. „Der Umkehr und Hinwendung des Menschen an Gott folgt Gottes Wiederherstellung des Menschen.“[177] Die Bekehrung ist Voraussetzung der Wiedergeburt.[178] Doch wenn in der Bekehrung der Mensch das handelnde Subjekt unter der Führung des Heiligen Geistes ist, ist die Wiedergeburt ein souveräner, göttlicher Gnadenakt. Hier handelt Gott, der Vater, der dem Menschen seine Sünden vergibt, ihn von den Fesseln der Mächte befreit und mit seinem Heiligen Geist versiegelt. Der Geist Gottes ist das erfahrbare Zeichen der Vergebung und Erneuerung des Menschen, ist es doch der „Geist Gottes, der unserem Geist sagt, dass wir Gottes Kinder sind“ (Röm. 8,16). Der Geist Gottes ist eine Art Unterpfand oder Anzahlung dafür, was Gott dem Glaubenden künftig noch schenken wird (2Kor. 1,21-22; Eph. 4,30).[179] Im Neuen Testament wird die Wiedergeburt deshalb auch als „Bad des Geistes“ (Tit. 3,5) oder Geistestaufe bezeichnet (1Kor. 12,13).

Die Hinwendung des Menschen zu Gott in der Nachfolge Jesu hat also Folgen. Der Nachfolger kann sich der Vergebung seiner Sünde sicher sein (1Joh. 1,9), hat einen erneuerten Verstand erhalten, der Gottes Ansprüche erkennen kann (1Kor. 2,14-15; Kol. 3,10) und kann nun dem Willen Gottes gemäß verantwortlich und gehorsam handeln (Röm. 6,14.17-22). Mit der Bekehrung setzt Gott sein Werk am Menschen fort. Und dieses zielt auf ein Leben entsprechend des von Gott gedachten Lebensplanes für jeden Betroffenen. Paulus schreibt: „Denn wir sind sein Werk, geschaffen in Christus Jesus zu guten Werken, die Gott zuvor bereitet hat, dass wir darin wandeln sollen“ (Eph. 2,10).

177 Goppelt 1962: Sp.1698. Siehe auch: Burkhardt 1981.
178 Pawson 1991:37.
179 Ebd:83.

4.3.5. Getauft in den Leib Christi

Die Taufe mit dem Heiligen Geist verändert den Menschen. Sie ermöglicht ihm einen Neubeginn, gibt ihm Kraft zum Leben und weist ihm einen inneren Führer zu, den Heiligen Geist, der ihn nun in alle Wahrheit leiten wird (Joh. 16,13). Aber sie schafft auch einen neuen sozialen Status. Mit der Taufe wird der Nachfolger Jesu der Gemeinde der Gläubigen zugeführt, „in den einen Leib getauft" (1Kor. 12,13). Hier kann er unter der Anleitung der von Gott gesetzten Leiter zum Werk des ihm zugewiesenen Dienstes zugerüstet werden, hier kann er geistlich wachsen und hier wird er seiner Mission zugeführt (Eph. 4,11-16). Die Hinwendung zu Jesus ist somit konsequent mit der Hinwendung zu seiner Gemeinde verbunden. Wer sich für ein Leben mit Jesus entscheidet, entscheidet sich unwillkürlich für ein Leben in der Gemeinde Jesu. Und dieses Leben ist ein missionarisches Leben, ist doch die Gemeinde gesandt, „alle Völker zu Jüngern zu machen" (Mt. 28,19-20). Mission ist hier nicht eine Option – Mission ist Substanz!

4.4. Ohne Zeugen geht es nicht

Die Hinwendung der Menschen zu Gott wird im Neuen Testament aber nicht nur sachlich, sondern auch methodisch beschrieben. Wie Umkehr und Gesinnungswandel in der Praxis geschahen, konnte man sowohl in der missionarischen Praxis Jesu[180] als auch in der der Jünger Jesu beobachten. Dabei ist für unseren Zusammenhang Folgendes bedeutsam:

Erstens, Jesus gewinnt Menschen für seine Nachfolge zunächst durch sein Zeugnis. Er lebt sein Menschsein unter den Menschen. Der Evangelist Johannes bezeugt diese Tatsache in Johannes 1,1ff. Jesus evangelisiert durch sein Leben. Er ist das Evangelium, lange bevor er über das Evangelium spricht! Mit ihm kommt Gott zu den Menschen, nicht erst mit seinen Worten. Ganz ähnlich sendet Jesus seine Jünger in alle Welt. Sie sollen vor allem Zeugen sein:

180 Siehe meine Ausführungen zu der Mission des Christus als der grundlegenden Handlungstheorie für die Mission der Gemeinde in Reimer 2009:172ff.

in Jerusalem, in Judäa und bis an das Ende der Erde (Apg. 1,8). Und das haben sie begriffen. Paulus zum Beispiel war bereit, den Juden ein Jude, den Heiden ein Heide usw. zu werden, nur um einige von ihnen für Jesus zu gewinnen (1Kor. 9,19ff). Methodisch gesehen kommt das Evangelium zu den Menschen erst als Lebenszeugnis! Und das immer inkarnativ, d. h. dem Kontext angepasst, weil es nur so für die Menschen verständlich ist! Menschen werden für das Evangelium durch Vorbilder gewonnen.

Zweitens, Jesus lebt nicht nur unter den „Seinen", sondern er dient ihnen. „... so wie der Menschensohn nicht gekommen ist, dass er sich dienen lasse, sondern dass er diene und gebe sein Leben zu einer Erlösung für viele", lesen wir in Mt. 20,28. Er wollte unter seinem Volk „ein Diener sein" (Lk. 22,27). So und nicht anders prägte er auch seine Jünger. Gott zu lieben, war für ihn mit der Liebe zum Nächsten gleichgeschaltet (Mt. 22,34ff). Wie sollte da Gottesdienst am Nächstendienst vorbeigedacht werden? Seine Jünger sollten durch ihre guten Werke Licht der Welt und Salz der Erde sein (Mt. 5.13-15). Denn da, wo die Menschen ihre guten Werke sehen, werden sie auch den Vater im Himmel preisen (Mt. 5,16). Ähnlich formulieren es später Lukas (Lk. 6,35), Petrus (1Petr. 2,12), Jakobus (Jak. 2,17ff) und Paulus (1Tim. 6,18; Tit. 2,7). Menschen werden für Gott durch gute Werke der Jünger Jesu gewonnen.

Und drittens, Jesus konfrontiert sein Volk mit der Botschaft des Evangeliums. Er ist nicht nur das Evangelium, er lebt nicht nur nach dem Evangelium, sondern er erklärt es den Menschen um ihn herum. Pointiert schreibt der Evangelist Matthäus, wie Jesus im ganzen galiläischen Raum umherwandert und das Evangelium vom Reich predigt (Mt. 4,23). Von seiner Tätigkeit sind lange Reden und Lehreinheiten überliefert. Denken wir nur einmal an die Bergpredigt (Mt. 5-7). Es sind die Worte Jesu, die seine Taten erklären. Er predigte nicht wie die Schriftgelehrten, sondern seine Verkündigung bestand aus Wort und Tat (Mt. 7,29). Seine Taten lösten Fragen aus, seine Wunder Staunen, seine Provokationen Erklärungsnot.

Es gibt faszinierende Beispiele seiner Redetätigkeit. Man stelle sich nur einmal sein Gespräch mit der samaritanischen Frau (Joh. 4,1ff) vor. Jesus packt die Frau nicht gleich an ihren Sünden und er ermahnt sie auch nicht gleich. Vielmehr bittet er sie, ihm etwas Wasser zu trinken zu geben. Sie hat ein Gefäß. Sie ist zum Brunnen gekommen, um Wasser zu holen. Er steht am Brunnen. Aber er hat kein Gefäß, um Wasser zu schöpfen. Sicher ist sie allein. Niemand aus dem Dorf würde mit ihr, der Ehebrecherin, zum Brunnen gehen und Wasser holen. Bestimmt tut das weh. Sie ist einsam. Und dieser Rabbi, ein Jude, spricht sie an. Er will Wasser aus ihrer Hand! Unerhört. Wertschätzung spricht aus seinen Worten. Andere verdammen sie, aber Jesus sucht das Gespräch. Andere gehen ihr aus dem Weg, er wartet auf die Begegnung. Andere verabscheuen die Samariter und ihre falsche Religion, er lässt sich mit einer Sünderin auf ein Gespräch über den Glauben ein. Wir kennen das Ergebnis: Die Frau wird gläubig und steckt die ganze Stadt mit ihrem Glauben an.

Nichts anderes verlangt Jesus von seinen Jüngern. Auch sie sollen Völker zu Jüngern machen, indem sie zu diesen gehen und sie „lehren alles zu behalten, was ich euch gelehrt habe“ (Mt. 28,19-20). Petrus darf das gleich am Pfingsttag tun. Tausende von Menschen sind an diesem Tag nach Jerusalem gekommen. Bunt ist die Völkerschar in der Stadt. Und dann passiert es – der Heilige Geist fällt in Form von feurigen Zungen auf die Jünger. Verwirrung und Verwunderung setzen ein. Die Tat Gottes verlangt nach einer Erklärung und dann spricht Petrus seine erste, uns überlieferte Predigt und dreitausend Menschen kommen zum Glauben (Apg. 2,37ff). Und nur wenige Tage später ist er mit seinem Mitstreiter Johannes zur Stunde des Gebets unterwegs in den Tempel. An der schönen Pforte des Heiligtums kommt es zur Heilung des lahmen Bettlers. Dieser springt auf und rennt in den Tempel. Alle sind wegen dieses Wunders erstaunt. Und wiederum verlangt die Situation nach einer Erklärung. Petrus hält seine zweite Predigt und fünftausend Menschen kommen zum Glauben an den Messias (Apg. 3,1ff). Andere Beispiele lassen sich an dieser Stelle einfügen.

Verbale Verkündigung folgt im Neuen Testament dem Zeugnis und dem zeugnishaften Handeln der Boten Gottes. Darin liegt ihre Kraft. So fallen Worte auf fruchtbaren Boden. Menschen werden für Gott und die Nachfolge Jesu gewonnen, weil man ihnen in ihrer Sprache erklärte, was sie sahen, und diese Erklärungen machen für sie Sinn. Wir fassen zusammen. Menschen wurden im NT für den Glauben an Jesus durch Zeugnis, Werke und die Predigt gewonnen. Dieser Ansatz entspricht unseren Ausführungen über Evangelisation als Prozess (siehe oben).

Kapitel 5:

Den Ansatzpunkt finden

5.1. Gott evangelisiert – wir machen mit

Es ist während der Lektüre dieses Buches deutlich geworden – Gott ist der eigentliche Evangelist. Der Geist Gottes ist es, der Menschen von ihrer Sünde und von der Gerechtigkeit Gottes überführt. Wir Menschen arbeiten mit. Auch die Gemeinde ist als evangelisierende Gemeinde gut beraten, nicht selbst Menschen bekehren zu wollen. Lange bevor wir einen Menschen kontaktieren, hat Gott ihn bereits angesprochen. Und er hat das innerhalb der Kultur und der Glaubensüberzeugung des Menschen getan, bevor er beginnt, sich mit Christus zu beschäftigen.

Wir sollten deshalb danach fragen, wo unser Herr Ansatzpunkte im Leben und Glauben der Menschen, die wir erreichen wollen, gesetzt hat. Die tripolare Sicht der Religion macht deutlich: Gott ist auch inmitten der falschen religiösen Überzeugungen der Herr des Geschehens. Seine Spuren zu entdecken heißt, sich selbst auf die Spur erfolgreicher Evangelisation zu bringen. Evangelisation Andersgläubiger setzt demnach nicht nur gute Kenntnis ihres Lebens und Glaubens voraus, sondern auch eine kritische Suche nach dem Anknüpfungspunkt für das Evangelium.

Dabei darf man, wie oben dargestellt, nicht vorschnell die Suche nach Anknüpfungspunkten mit einem gemeinsamen Glaubensgrund oder -fundament verwechseln. Während ein Fundament den Glauben konstituiert, bieten Anknüpfungspunkte einen Anlass zum Dialog. Ein Fundament begründet die religiöse Überzeugung, während Anknüpfungspunkte eine Brücke zum Gespräch mit den Andersgläubigen schlagen. Das Gespräch mit den Menschen anderen Glaubens ist die Grundvoraussetzung zur Vermittlung des Evangeliums. Wo können wir solche Brücken im Religionsgebilde unseres andersgläubigen Gegenübers finden?

Sicher überall da, wo Gott selbst in den Religionen aktiv ist. Die theonome Dimension der Religion macht das Gespräch nicht nur möglich, sondern eigentlich sogar notwendig. Schließlich geht es ja dabei immer um die Gegenwart des einen Gottes, der uns Christen in der Heiligen Schrift offenbart worden ist. Don Richardson sprach von der „Ewigkeit in den Herzen der Menschen".[181] Ähnlich kann auch das Gespräch in dem menschlichen Bemühen, transzendente Vorgänge zu verstehen, geführt werden. Freilich sind die Religionen auch vom Satan korrumpierte Vorstellungen. Es gilt demnach, immer wach zu bleiben, wenn sich die eine oder andere Brücke in die Welt der Andersgläubigen ergibt.

Nimmt man aber an, dass man mit Vertretern anderer Religionen reden kann, weil sie nach Gott suchen und Gott auch unter ihnen aktiv ist, dann sind alle Religions-Universalien potenzielle Orte, an denen Anknüpfungspunkte vermutetet werden können. Als solche haben wir Schriften, Orte, Zeiten, Rituale und Symbole, gemeinschaftliche Strukturen und Erfahrungen des Übernatürlichen festgestellt.

5.2. Orte und Texte der Offenbarung

Alle praktizierten Religionen finden an besonderen Orten statt. Gemeint sind sowohl sogenannte Heilige Stätten wie Jerusalem, Mekka oder jene vielen Pilgerstätten, zu denen der Gläubige geht, blickt oder sich hinwendet, um gehört zu werden, als auch die vielen Bethäuser, Tempel, Gebetsstätten, Altäre etc., die den Religionen jenen würdigen Platz einräumen, an dem sie stattfinden können. Am Ort der religiösen Praxis kann die Religion materiell erfasst werden.

Hier, an solchen Orten der Anbetung, finden bis heute dem jeweiligen Glauben entsprechend immer noch Offenbarungen statt. Nicht selten ist eine solche Offenbarung auch schriftlich fixiert. So kennen die Hindus, Buddhisten, Muslime und viele andere

181 Richardson 2004.

Glaubensrichtungen heilige Schriften, die ihren jeweiligen Religionsgründern offenbart wurden. Beides, der Ort und auch die Schrift, sind historische Dokumente, die studiert und auf diese Weise auch auf Spuren Gottes abgesucht werden können, selbst dann, wenn wir Christen von völlig anderen Voraussetzungen für Gottes Offenbarung ausgehen als die Vertreter der nicht-christlichen Religionen und wir ihren Offenbarungsbegriff als falsch und sogar dämonisch abtun. Dass Menschen Falsches glauben, sagt noch nichts über Gottes Gegenwart in ihrem Leben aus. Freilich erleben sie Gott nicht, weil sie ignorant und verstockt sind (Eph. 4,17-18). Gott der Schöpfer ist für sie ein unbekannter Gott, auch dann noch, wenn sie ihm bereits Respekt zollen. Genau darin besteht ja auch die missionarische Aufgabe der Christen, das, was sie nicht sehen, sichtbar zu machen. So jedenfalls verstand der Apostel Paulus seine Aufgabe in Athen (Apg. 17), erst recht, wenn wir davon ausgehen, dass Religionen vor allem Konstrukte menschlichen Denkens sind.

Jede Information hat ihre Quelle und geht letztlich zurück auf Gottes Gegenwart in der Welt, seine Schöpfung und die Urzeit, als die Menschen noch gemeinsam den einen Gott anbeteten. Man kann daher fragen, was uns die Orte und die Schriften der Religionen über die Spuren kollektiver Erinnerung, die auf Gottes Offenbarung zurückgehen, verraten. In vielen afrikanischen Stämmen hat man nur noch daran festgehalten, dass die Welt von einem allmächtigen Gott geschaffen wurde. Aber weil sie diesen nicht kannten, gingen sie davon aus, er habe sich aus der Welt zurückgezogen.[182]

Es ist nicht schwer, in den Religionen dieser Welt Werte zu finden, die sich stark ähneln, Gebote, die sogar im Wortlaut einander entsprechen. Offensichtlich wurden hier, aus der Perspektive der Bibel gesehen, auch in anderen Religionen richtige Werte vermittelt. Und alles, was in den Glaubensvorstellungen der Menschen der Wahrheit der Bibel nahekommt, kann als Brücke zum Gespräch über Gott und das Evangelium dienen. Denn was die Men-

182 Zu Gottesvorstellungen in Afrika und Asien siehe den Überblick bei Link-Wieczorek 1991:21ff.

schen bereits richtig erkannt haben, ist gemeinsames Glaubensgut. Darüber muss nicht mehr diskutiert werden, sondern es kann das gegenseitige Vertrauen stärken und zur Ausgangsbasis werden, auch die anderen Glaubenspostulate gemeinsam zu betrachten.

Wir müssen weder einen Juden noch einen Muslim noch einen Bahai davon überzeugen, dass wesentliche Ereignisse der Offenbarung Gottes in Israel und speziell Jerusalem stattfanden. Sie glauben alle an einen persönlichen Gott, der die Welt geschaffen hat. Teile ihrer heiligen Texte stimmen überein. Über das zu sprechen, was uns eint, schafft bald gegenseitigen Respekt und ermöglicht es uns vielleicht auch, strittige Themen und Einsichten anzugehen.

Und wir müssen weder einen Hindu noch einen Buddhisten, einen Juden oder einen Muslim davon überzeugen, dass eine gute Tat sich immer positiv und eine schlechte Tat sich eher negativ auf unser Leben und Wohlbefinden auswirkt. Gutes tun als religiöse Pflicht ist in all diesen Religionen bekannt, genauso wie das Wissen über Gut und Böse, Richtig und Falsch. Freilich gehen hier die Meinungen nicht immer konform, aber die Themen sind die gleichen. Auch dann, wenn die ansonsten richtigen Erkenntnisse falsch in Glaubenskategorien umgesetzt werden, kann man doch an der Erkenntnis als solcher festhalten und damit die Basis unseres gegenseitigen Vertrauens erweitern.

An Themen mangelt es nicht. Diese zu entdecken heißt, das Gespräch unter Freunden zu beginnen.

5.3. Geschichte und Zeit

Alle Religionen haben sich in Zeit und Raum entwickelt. Sie führen ihre Entstehung auf eine gewisse Zeitepoche zurück und machen ihre Glaubensaussagen an Zeitereignissen fest. Und damit können sie studiert und verglichen werden. Und aus der Geschichte kann man immer eine Lehre ziehen. Man muss eine religiöse Entwicklung nicht gleich verteufeln. Auch wenn diese Geschichte zum Teufelsglauben geführt haben soll, offenbart sie doch die Sehnsucht der Menschen nach Antworten und zeigt die Fehlschlüsse auf, die diese Vorstellung eingeleitet haben. Die Frage

„Wie war das damals bei euch Muslimen?“ zum Beispiel löst eine Assoziationskette aus und begründet Identität. Ich sehe immer noch, wie die Augen von Mehmet vor Freude strahlten, als ich ihn bat, mir einmal zu erzählen, wie der Prophet Mohammad seinen heidnischen Glauben an die nichtigen Götzen aufgab und begann, an den einen Schöpfer des Himmels und der Erde, den unsichtbaren und allmächtigen Gott, zu glauben. Mehmet wusste, dass ich überzeugter Christ bin.

„Ihr Christen seid nicht am Leben unseres Propheten interessiert“, entgegnete er zunächst. „Warum willst du von ihm hören?“

„Ich glaube auch an den einen Gott“, antwortete ich, „und wann immer ein Mensch von der Vielgötterei wegkommt und nur noch dem einen Gott glaubt, dann finde ich das spannend, Mehmed.“

„Du meinst es also ehrlich?“, fragte er noch einmal nach.

Ich bejahte und er begann mir die Geschichte Mohammads zu erzählen, wie man sie ihm berichtet hatte. Seine Geschichte entsprach nur in Ansätzen dem, was ich aus dem Koran wusste. Aber ich hielt zunächst meine Kritik zurück und würdigte nur die Tatsache, dass es hier ein Mann trotz der drohenden Verfolgung durch seine Landsleute wagte, sich an den einen Gott zu wenden, an den auch die Juden und die Christen glaubten. Seine Landsleute hielten es für einen großen Verrat und verjagten den Mann schließlich aus seiner Heimatstadt Mekka.

„Mir ist es da nicht viel anders ergangen, Mehmed“, warf ich zwischendurch ein. „Als ich zum Glauben an Gott kam, wurde ich auch verfolgt und war viele Jahre in einem Lager, verurteilt zu Zwangsarbeit.“

Jetzt wollte er mehr wissen. Und ich erzählte ihm meine Bekehrungsgeschichte. Und Mehmed genoss es sichtlich. Meine positive Haltung seinem Propheten gegenüber hatte ihn ermutigt. So entstand eine freundschaftliche Beziehung und der Prozess der Evangelisation begann.

Es gibt in jeder Religion Geschichtsfakten, die uns Anlass geben, ein positives Gespräch zu beginnen. Wer sie nutzen will, der sollte sich mit der Geschichte der jeweiligen Religion beschäftigen und deren gute sowie dunkle Seiten kennen.

Aber nicht nur die Geschichte bietet uns Anlässe zum Gespräch. Alle Religionen setzen besondere Zeiten fest, die allein der religiösen Praxis vorbehalten sind. Es gibt Zeiten für Meditation, Gebet, Fasten, Feiern. Es sind bestimmte Zeiten im Ablauf des Tages oder des Jahres. Solche Zeiten sind nicht beliebig und sie können auch nicht beliebig ausgetauscht werden. Ihre Einhaltung wird in der Regel strikt befolgt. Heilige Zeiten ordnen das Leben der Gläubigen in die Rahmenbedingungen einer Religion ein. Sie ordnen den Alltag und üben daher enormen Einfluss auf die Lebensgestaltung des Menschen aus. Solche gemeinsamen Zeiten religiöser Praxis sind ein Hinweis auf die Intensität der religiösen Bindung einer Kultur.

Und vieles darin weist wiederum große Gemeinsamkeiten auf. Man muss den meisten Anhängern anderer Religionen nicht lange erklären, was unter Gebet, Fasten oder auch einem religiösen Fest zu verstehen ist. Freilich wird es Unterschiede in Form und Intention geben, aber die Tatsache ist zunächst klar: Solche festen Zeiten kennen wir fast alle. Und wir sind auch damit vertraut, welche Probleme entstehen, wenn solche Zeiten ausfallen. Das Leben in der postmodernen Welt, im Zeitalter der Globalisierung kennt weder Freitag noch Samstag oder Sonntag und akzeptiert keine besonderen heiligen Zeiten. Die Maschinen stehen nie still und der Mensch wird zunehmend zum Sklaven dieser technisierten und digitalisierten Welt. Da liegen die Themen auf der Hand, über die die Menschen, die an ihrem Glauben festhalten wollen, reden können. Und gemeinsame Themen verbinden, schaffen Vertrauen und dienen als Basis, später auch über andere kontroverse Themen des Glaubens zu reden.

5.4. Rituale und Symbole

Religiöse Rituale unterstützen die Basis-Glaubensvorstellungen einer Religion. Sie erinnern an die heiligen Wahrheiten dieser Religion und erneuern die Beziehung der Glaubenden zu ihrem Glaubensgebäude. Ganz besonders wichtig sind solche Akte auch für die Festlegung sozialer Verhaltensnormen. Man denke da nur an die sprichwörtliche Gastfreundschaft mancher Kulturen. Diese reicht mit ihren Wurzeln tief in das Glaubensgebäude dieser Menschen.

Keine Religion kommt ohne festgelegte Riten aus. Und sicher unterscheiden sich die Religionen auch in ihren Ritualen und Symbolen. Aber sieht man sich diese näher an, kann man schnell feststellen, dass doch enorme Parallelen zwischen den Riten einzelner Religionen herrschen. Die eben erwähnte Gastfreundschaft ist ein Phänomen in den meisten Weltreligionen. Und sie alle kennen besondere Anweisungen für den Gast und Gastgeber, die sie auf ihren Glauben zurückführen. Oder die sogenannten Übergangs-Rituale, die bestimmte Lebensphasen von Menschen markieren, deren Beschreibung wir vor allem dem französischen Ethnologen Arnold von Gennep verdanken.[183] Die Anhänger der entsprechenden Religionen führen solche Riten auf ihre Glaubensüberzeugungen zurück. Dabei fällt auf, dass sich manche dieser Riten in unterschiedlichen Religionen stark entsprechen. Es gibt nur wenige Paare, ob nun Hindu oder Christ, Muslim oder Atheist, Bahai oder Sikh, die ihre Hochzeit ohne ein in der Religion übliches Ritual durchführen. Und sieht man sich solche Rituale näher an, so geht es dabei in der Regel um die Treue in der Ehe. Hier gibt es Parallelen im Christentum.

Wir fassen zusammen. Auch manche rituellen Handlungen in den Religionen bieten Anknüpfungspunkte zum Gespräch über Gott und sollten von uns genutzt werden, um im Dialog nach Wegen zu suchen, den Menschen das Evangelium zu erklären.

5.5. Gemeinschaft der Gläubigen

Religionen erfüllen eine enorme soziale Rolle. Zum einen definieren sie für den Menschen all jene Grenzerfahrungen des Lebens, die nach Erklärungen drängen, wie Geburt, Tod oder die Existenz außersinnlicher Wahrnehmungen und Phänomene. Dann wiederum halten sie die Menschen in der Gruppe zusammen. Sie erklären und verstärken die kulturellen Normen des Gemeinwe-

---

183 Siehe sein faszinierendes Buch: *Übergangsriten* (Gennep 2005).

sens und definieren Grundlagen für die soziale Solidarität. In den meisten Gesellschaften bestimmen die Religionen über Gut und Böse. Hier werden Kriterien für die soziale Kontrolle gelegt und gerechtfertigt. Man denke hier nur einmal an die gesetzstiftende Rolle des Korans im Islam, der Veden im Hinduismus oder auch der Bibel im Christentum.

Dass Gläubige zusammenstehen und eine Gemeinschaft bilden, ist ein fester Bestandteil der Religionen, der uns alle eint. Wir glauben gemeinsam. Wir suchen gemeinsam nach Antworten auf unsere transzendenten Erfahrungen. Und nicht selten nennen wir uns dann Familie, Glaubensbruderschaft, Schwestern und Brüder. Freilich trennt uns dann derselbe Faktor auch wieder voneinander. Denn es gilt ja, im Gespräch mit den Andersgläubigen die Grenzen der eigenen Gemeinschaft zu überschreiten. Das aber wird dann wiederum sanktioniert und nicht selten mit dem Ausschluss aus der Gemeinschaft quittiert.

Trotzdem ist der Gemeinschaftssinn der Religion eine wichtige Brücke der Menschen zueinander, gerade da, wo Gemeinwesenprojekte das Leben vor Ort verbessern sollen. In solchen Projekten finden sich dann bald die unterschiedlichsten Gruppen zusammen, weil sie ja für die Verbesserung des Lebens insgesamt arbeiten. Und auch ein solcher Einsatz wird nicht selten vom Glauben her begründet oder wenigstens begünstigt. Setzt man sich aber gemeinsam ein, so schafft man bald jene Basis des Vertrauens, die dem evangelistischen Gespräch zugrunde liegt. Der gemeinschaftliche Charakter der Religion wird so zur Brücke für den interreligiösen Dialog und letztlich für die Mission und Evangelisation des Andersgläubigen. In Indien mit seinen sozialen Missständen ist beispielsweise „Community Development" (Gemeinwesenarbeit) zum entscheidenden Faktor des schnellen Gemeindewachstums geworden. Menschen, die sich miteinander für frisches Wasser vor Ort, saubere Straßen, eine gerechtere Behandlung durch die Behörden usw. einsetzen, treffen sich bald auch privat im Kreis ihrer Familien, suchen Trost im Gespräch mit Freunden in familiären Notlagen und kommen früher oder später auch zu den Fragen ihres Glaubens.

5.6. Transzendenzerfahrung

Religionen haben wesentliche Elemente gemeinsam. Alle Religionen gehen von der Existenz supranaturaler Wesen und Kräfte aus. Die Erfahrungen mit der übersinnlichen Welt mögen sehr unterschiedlich sein, aber einem Menschen, der in den Bann okkulter Mächte geraten ist, muss man nicht erklären, wie gefährlich der Okkultismus ist. Unser Gegenüber wird vielleicht noch keinen Namen und Bezeichnung für die destruktive Gewalt haben, von der er umgeben ist, aber er kennt die Gewalt selbst und ist sicher bereit, darüber zu reden. Und die Tatsache, dass okkulte Phänomene zum Alltag der allermeisten Religionen gehören, öffnet hier ungeahnte Gesprächsmöglichkeiten und Hilfsangebote für die christliche Gemeinde. Einer der Pastoren in der Türkei, den ich im Sommer 2014 besuchte, erzählte mir, dass es allein im laufenden Jahr Hunderte von muslimischen Nachbarn gewesen sind, die ihn aufgesucht und darum gebeten hätten, den bösen Fluch aus ihrem Leben zu entfernen. Dies geschah oft auf Empfehlung des islamischen Geistlichen, der sich selbst nicht imstande sah, dem dämonischen Treiben im Leben des Betroffenen ein Ende zu setzen. „Aber sie wissen, dass Christen dazu Macht haben, und deshalb schicken sie diese Armen zu uns", sagte mein Bekannter. Nicht nur einmal habe ich ähnliche Erfahrungen in Deutschland und auch in islamischen Ländern gemacht. Okkulte Erfahrungen sind auf Dauer lästig und die Befreiung von solchen Erfahrungen setzt Vollmacht voraus. Christen haben eine solche Vollmacht. Jesus hat sie seinen Jüngern gleich beim ersten Missionseinsatz gegeben (Mt. 10,1f). Wer sie einsetzt, ohne gleich massiv Konversion zu fordern, wird zum Gesprächspartner und Freund und hat die Chance, das Evangelium zu verkünden.

Ähnlich positive Erfahrungen gibt es im Bereich, wo Menschen Visionen von Jesus haben oder Gottes Boten begegnen. Auch hier suchen sie jemanden, der sie mit diesen Erscheinungen ernst nimmt und hilft, diese besser zu verstehen. Ein Beispiel soll das Gesagte verdeutlichen. Schwester Gulnara, eine aus dem Islam konvertierte Kirgisin, berichtet:

> „Ich wartete an der Haltestelle auf den Bus, als mich plötzlich eine alte Frau an der Hand packte und von mir verlangte, für sie zu beten. Das habe ihr eine Stimme gesagt. Seit Jahren hatte sie so starke Kopfschmerzen, dass sie es in ihrer Wohnung nicht aushielt und wie eine Irre durch die Stadt lief. ‚Dahinten auf der Bank saß ich, als diese Stimme zu mir sprach. Beten Sie für mich', bat sie mich. Naiv wie ich war, folgte ich der Frau zur Bank und betete für sie, indem ich Jesus bat, er möge sie doch von ihren Kopfschmerzen heilen. Und im nächsten Augenblick wurde die Frau ihre Kopfschmerzen los. Sie sah mich ungläubig an, fiel mir um den Hals und fing vor Freude an zu weinen. Und jetzt habe ich sie zum Gottesdienst mitgebracht."

Tatsächlich, neben Gulnara saß ein altes Mütterchen und strahlte über das ganze Gesicht. Eine Muslima, wie sie selbst bezeugte, die noch nie einen christlichen Gottesdienst besucht hatte. Und es dauerte nicht lange, bis sie ihr Leben in Jesu Hand legte. Die Stimme erwies sich als Stimme Gottes. Letztlich ist es nicht schwer, mit religiösen Menschen ins Gespräch über transzendente Inhalte zu kommen. Und wenn das in gegenseitigem Respekt geschieht, öffnen diese Menschen sich bald für mehr. Nur drängen sollte man sie nie.

5.7. Personen des Friedens

Religionen sind geführte Phänomene. Menschen werden in ihrer religiösen Praxis angeleitet. Wie auch immer man in der jeweiligen Religion solche Menschen nennt, zu ihnen schaut man auf und deren Weisung wird befolgt. Kommen solche Leiter zum Glauben an Jesus, so geschieht es immer wieder, dass ihre ganze religiöse Gefolgschaft ihnen in den neuen Glauben folgt. Erfahrungen dieser Art gibt es in nahezu jeder Religion. Ganze Stämme finden so zum Glauben an Jesus.

Es ist daher verständlich, dass man in den Anleitungen zur Evangelisation immer wieder die Aufforderung findet, sich vor allem auf das Evangelisieren aufgeschlossener, einflussreicher Persönlichkeiten zu konzentrieren.[184] Man nennt solche Schlüsselpersonen eine „Person des Friedens“. David Watson definiert sie wie folgt:

„Die Person des Friedens ist jemand, den Gott vorbereitet hat, das Evangelium anzunehmen und es zum allerersten Mal in eine bestehende soziale Gruppe hineinzubringen. Es gibt hauptsächlich zwei verschiedene Typen solcher Personen: Einige sind von sich aus solche Menschen und andere werden zu Personen des Friedens durch Gottes direktes Eingreifen in ihre Familien. In der Bibel finden sich zahlreiche Beispiele für beide Kategorien. Cornelius und Lydia stehen für Personen des Friedens ‚von Natur aus‘. Der Kerkermeister in Philippi und die samaritanische Frau am Brunnen sind Beispiele für solche, die durch das direkte Eingreifen Gottes zu Personen des Friedens wurden.“[185]

Eine Person des Friedens, die in der Gruppe großen Respekt genießt, öffnet sich für das Evangelium, erst recht wenn sie über eine entsprechende spirituelle Autorität verfügt. Mit solchen Menschen den Dialog zu suchen, ist für das Gelingen der Evangelisation Andersgläubiger unerlässlich.

5.8. Gott folgen

Wer Menschen anderen Glaubens zu Jesus führen will, der wird sich vor allem an Gott halten müssen. Er ist längst bei den Menschen, die wir für ihn gewinnen wollen. Er bringt sich durch ihr religiöses Gebilde, ihre Erfahrungen und ihre Strukturen in Erinnerung. Und immer wieder findet man auch besonders berufene und von ihm angesprochene Autoritätspersonen, die dem Evangelium nahe sind. Wer Gott unter den Menschen entdeckt, findet Anknüpfungspunkte zum evangelistischen Gespräch. Und diese werden materieller, sozialer, kognitiver oder auch spiritueller Natur sein. Setzt man an solchen Stellen an, so entstehen bald posi-

184 Garrison oJ:53. Siehe an dieser Stelle ganz besonders das in Deutschland bekannte Buch von David Watson, *Gemeindegründungsbewegungen* (Watson 2011:38-42). Auszug zur Person des Friedens in: http://www.dim-online.de/training/die-person-des-friedens. (20.10.2014).

185 Watson 2011:38.

tive Beziehungen. Ein Vertrauensverhältnis wächst. Und mit dem Wachstum der Beziehung wachsen die Chancen der Christen, den Menschen an den Thron Jesu zu führen.

Kapitel 6:

Schritte in die Praxis

6.1. Der Weg ist vorgezeichnet

6.1.1. Inhaltliche Setzungen

Wie finden Menschen zum Glauben an Jesus? Das biblische Zeugnis macht Grundsätze deutlich, die unbedingt beachtet werden müssen. Wo diese nicht verstanden werden, kann letztlich auch keine Rede sein von einer wirklichen Hinwendung und einem persönlichen Glauben an Jesus den Christus. Welche Grundsätze sind dies? Aus dem oben Gesagten lassen sich sieben Prinzipien ableiten.

(1) Wer im Glauben zu Jesus kommt, der weiß von Gott und sucht einen Weg zu Gott. Ohne die Annahme der Existenz Gottes ist der Glaube an Jesus nicht mehr als die Huldigung einer herausragenden historischen menschlichen Leistung. Jesus ist in einem solchen Konzept bestenfalls ein moralisches Vorbild.

(2) Wer im Glauben zu Jesus kommt, ist sich seiner Heilsbedürftigkeit bewusst. Der Gottsuchende erkennt seine Unzulänglichkeit und versteht die Sinnlosigkeit eigener Bemühungen, Gott und der Ewigkeit näherzukommen. In Jesus öffnet sich ihm die Tür zu Gott.

(3) Wer im Glauben zu Jesus kommt, tut es, weil er oder sie in Jesus eine Antwort auf eigene existenzielle Fragen und in ihm und durch ihn den Zugang zu Lösungen ungelöster Zustände gefunden hat. In Jesus kann der Mensch das Alte hinter sich lassen, sich seiner Schuld und Sünde entledigen, Vergebung erfahren und neu anfangen.

(4) Wer im Glauben zu Jesus kommt, lässt sich auf ein Leben im Gehorsam ein. Jesus verlangt ganze Hingabe, totalen Gehorsam. Der wahre Gottesdienst wird mit der Aufopferung des Leibes verglichen (Röm. 12,1). Konsequenterweise vergleicht Paulus den Beginn seines eigenen Lebens als Christ mit dem Sterben am Kreuz. Er weiß sich „mit Christus gekreuzigt“ und jetzt lebt nicht mehr er, „sondern Christus … in ihm“ (Gal. 2,20).

(5) Wer im Glauben zu Jesus kommt, der wird mit dem Heiligen Geist getauft und versiegelt. Das äußere Zeichen für das Innewohnen des Heiligen Geistes sind besondere Gaben des Geistes (1Kor. 12,4).

(6) Wer im Glauben zu Jesus kommt, der wird in eine neue Gemeinschaft des Volkes Gottes gestellt. Es ist der Geist Gottes, der den neugeborenen Nachfolger Jesu in den Leib Christi hineinstellt (1Kor. 12,13). Nachfolge Jesu und Mitgliedschaft in der Gemeinde des Christus gehören unmittelbar zusammen.

(7) Wer im Glauben zu Jesus kommt, der wird in seine Mission gestellt. Deutlich sagt Jesus selbst es allen seinen Nachfolgern: „Wie der Vater mich gesandt hat, so sende ich euch“ (Joh. 20,21). Nachfolger Jesu sind von ihrem Wesen her missionarisch.

6.1.2. Methodische Setzungen

Wie finden Menschen zu Jesus? Welche Wege müssen sie gehen, um Jesus als ihren Herrn und Erlöser anzunehmen? Gibt es biblische Methoden, die die oben beschriebenen inhaltlichen Setzungen ermöglichen? Wie wächst in den Andersgläubigen der Wunsch, Gott zu suchen, wie kommen sie auf den Gedanken, in Jesus einen möglichen, ja letztlich den eigentlichen Weg zu Gott zu vermuten, und warum sollten sie ausgerechnet Jesus mit der Lösung ihrer existenziellen Fragen und Probleme betrauen? Was sind adäquate Methoden der Evangelisation? Wenn man beobachtet, wie im Neuen Testament evangelisiert wurde, lassen sich folgende Schlüsse ziehen:

(1) Menschen müssen das Evangelium im Leben der Nachfolger Jesu sehen und von diesem Leben fasziniert werden, bevor sie beginnen, darüber ernsthaft nachzudenken. Das verlangt nach einem Leben mitten unter den Menschen, nach einer bewusst inkarnatorischen Lebensweise.

(2) Menschen müssen erleben, wie der Glaube im Alltag der Nachfolger Jesu wirksam ist, um Vertrauen zu dem zu fassen, den diese ihren Gott nennen. Nichts überzeugt so sehr wie bedingungsloser Einsatz für die Belange des Nächsten. Es sind die Werke, die dem Glauben Lebensstärke attestieren.

(3) Menschen müssen verstehen, wie die faszinierende Lebensweise der Jünger Jesu möglich ist. Es muss für sie Sinn machen, dass Wunder und Zeichen im Leben der Christen keine Zufallserscheinung sind, sondern gelebter Alltag.

6.3. Integrativ evangelisieren

Wie führen wir Menschen anderen Glaubens zu Jesus? Wie evangelisieren wir erfolgreich Glaubensfremde? Die Beobachtungen, wie wir sie bis jetzt gemacht haben, lassen uns an ein mögliches Modell denken. Dabei ist es wichtig, zwischen Evangelisation und evangelistischer Methode zu unterscheiden.[186]

Was ist der Unterschied zwischen Evangelisation an sich und einer Evangelisations-Methode? Wie wir oben gesehen haben, verbirgt sich hinter dem Begriff „Evangelisation" die Vorstellung der Mission Gottes, seines Anliegens, die Welt mit sich selbst zu versöhnen. Evangelisation beschreibt somit alles, was sich diesem

186 Siehe dazu meine Ausführungen in meinem Buch „Leben. Rufen. Verändern. Chancen und Herausforderungen gesellschaftstransformierender Evangelisation heute" (Reimer 2013:226ff).

Ziel unterordnet. Da, wo evangelisiert wird, wird Gottes Reich in Leben, Wort und Tat verkündigt und eingeführt. Und da die Gemeinde Jesu von ihrem Wesen her missionarisch zu verstehen ist, wird alles in ihr potenziell evangelisieren. Wir sprechen an dieser Stelle von der evangelistischen Dimension der Gemeinde und ihre Existenz in der Welt wird somit zur permanenten Evangelisation.

Im Unterschied dazu sucht die intentionale Evangelisation den konkreten Ausdruck für das Evangelium und bedient sich hierfür bestimmter Formen und Methoden. Diese machen den Transfer des Inhalts des Evangeliums in die konkrete Situation der Menschen möglich. Die Methoden, die hierfür gewählt werden, können ganz unterschiedlich sein. Sie können eher präsentischer (Vorleben, Lebenszeugnis, Liebeswerke), proklamativer (Verkündigung in Wort und Tat) oder auch konfrontativer Natur (Bekehrungsruf) sein. Dabei bestimmt nicht die Methode, sondern die Theologie wesentlich, was Evangelisation ist. Methoden können der Sache dienen oder auch trotz bester Absichten hinderlich sein.

In einem Land, in dem biblisches Basiswissen über Gott und Mensch, Sünde und Heil fehlen, wird eine konfrontative Evangelisation auf Dauer eher abstoßend wirken als beispielsweise das präsentische Zeugnis. Man sollte sich immer genau überlegen, für welche Art evangelistischer Aktion man sich im gegebenen Kontext entscheidet. Effektive Evangelisation setzt immer auf die Situation der Menschen, die sie erreichen will. Bernd Schlottoff spricht an dieser Stelle von der *bedürfnisorientierten Evangelisation.*[187] Im Laufe der langen Geschichte der Evangelisation der Kirche in der Welt haben sich viele Wege und Methoden evangelistischer Verkündigung aufgetan, die sich im Wesentlichen nach präsentischen, proklamativen und integrativen Gesichtspunkten unterscheiden lassen.

6.3.1. Präsentische Evangelisation

Präsentische Evangelisation sucht danach, das Evangelium unter den Menschen zu *leben.* Reese spricht an dieser Stelle von der Real

187 Schlottoff 2011:122.

Life Evangelisation[188] und Petersen von der Lebensstil-Evangelisation[189]. Es geht um ein bewusstes Leben des Evangeliums in den Beziehungen, in die man hineingestellt ist, die sich sowohl innerhalb als auch außerhalb der Glaubensgemeinschaft befinden. Man ist Licht der Welt und Salz der Erde,[190] dient den Menschen mit guten Werken, und die Menschen sehen diese guten Werke und preisen Gott (Mt. 5,16). Präsentische Evangelisation lebt vom authentischen Zeugnis der Gemeinde der Gläubigen inmitten der Welt. Ein solches Zeugnis hat immer missionarisches Potenzial,[191] es verleiht der Gemeinde Autorität[192] und macht sie zum Zeichen des angebrochenen Reiches Gottes.[193] Der Evangelist Ray Comfort bringt es in seinem Buch *Everyday Evangelism* auf die bezeichnende Formel: „Ich erkenne einen Diamanten, wenn ich ihn sehe.“[194] Und Martha Reese sieht im gelebten Zeugnis eine „Freibindung des Evangeliums“, das erst so zu seiner vollen Kraftwirkung kommen kann.[195] Auf die Darstellung des Evangeliums im Leben der Gläubigen kommt es wesentlich an. Denn an allererster Stelle im evangelistischen Prozess der Gemeinde steht unser Lebenszeugnis.[196] Es umfasst unser ganzes Leben und ist immer da. Martin Werth nennt die präsentische Evangelisation die „permanente“ Evangelisation.[197] Hier kommt die evangelistische Dimension der missionalen Gemeinde am besten zum Ausdruck. Alles in ihr wird so zum Instrument des Evangeliums-Transfers in das Bewusstsein der sie umgebenden Menschen. Dabei kann die evangelistische Präsenz passiv oder auch aktiv gestaltet werden.

188 Reese 2008:58ff.
189 Petersen 1989.
190 Mt. 5,13-15. Siehe hierzu die Ausführungen von Petersen 1989:93ff.
191 Kraus 1979:23.
192 Ebd:16.
193 Ebd:155f.
194 Comfort 1995:33.
195 Reese 2008:41ff.
196 Ahn 2006:47.
197 Werth 2004:302.

Unter passiver Präsenz verstehen wir die bloße Anwesenheit der Christen im Lebensraum der Menschen. Das Evangelium wird hier den Menschen vorgelebt. Jünger Jesu sind das Evangelium! Sicherlich sollte das überall der Fall sein, aber gerade in Kontexten, in denen jede aktive christliche Präsenz in der Öffentlichkeit bekämpft wird, kommt dies besonders zum Tragen. Dabei sollten Christen alle Bereiche ihres Lebens für das neugierige Auge ihrer Nachbarn öffnen, von der Geborgenheit der Familie bis hin zum Arbeitsplatz.[198] Der einzige Bereich, der in einem christenfeindlichen Kontext „versteckt" werden kann, ist das gottesdienstliche Miteinander der Christen. Aber auf diesen Bereich kommt es in der gelebten Verkündigung des Evangeliums letztlich am wenigsten an. Die andersgläubigen Nachbarn würden das meiste im christlichen Gottesdienst ohnehin kaum verstehen.

Aktive Präsenz sucht hingegen die Teilnahme am Leben der Menschen. Hier wird das Evangelium bewusst durch die persönliche Teilnahme der Christen an der Gestaltung des Sozialraumes in den gesellschaftlichen Diskurs eingebracht. Nicht durch einen verbalen Dialog, sondern durch gelebtes Zeugnis. Aktive Präsenz nutzt oft Mittel und Wege der Gemeinwesenarbeit (GWA)[199], um im Sozialraum Veränderungen einzuleiten, die wiederum zum Gespräch über den Glauben und schließlich auch zur Entscheidung für den Glauben an Jesus Christus führen können.[200]

6.3.2. Proklamative Evangelisation

Im Unterschied zur präsentischen, permanenten Evangelisation sucht die „kontingente Evangelisation"[201] die konkrete Verkündigung des Evangeliums in Zeit und Raum. Sie wendet sich bewusst an konkrete Menschen mit dem Wort vom Heil in Jesus Christus. Proklamative Evangelisation wird vom Wortgeschehen getragen. Wenn sie als Folge des präsentisch vorgelebten Evangeliums

198 Klassen 2003:243-253.

199 Zum Begriff und Diskussion siehe Reimer 2011:21ff.

200 Siehe Beispiele solcher Aktionen in Reimer 2013:229-231.

201 Werth 2004:303.

kommt, muss sie nicht mehr alle denkbaren Aspekte des Evangeliums abdecken. Sie kann sich konzentrieren.

In der Regel steht proklamative Evangelisation für direkte Verkündigung des Evangeliums.[202] Laurence Singlehurst schreibt dazu:

> „Evangelisation heißt: den Menschen dort begegnen, wo sie sind, und auf vielerlei Art und Weise darauf hinzuarbeiten, dass ihr Verständnis von Gott und von Jesus Christus sich ändert. Das Ziel ist, dass sie sich für Christus entscheiden."[203]

Proklamative Evangelisation folgt natürlicherweise auf die missionarische Präsenz der Christen vor Ort. Tatsächlich beginnt mit dem ersten Gespräch über den Glauben so etwas wie eine Proklamation. Freilich setzt sie nicht notwendigerweise das direkte Gespräch, jedoch immer die bewusste Weitergabe von Informationen voraus. Dabei kann (a) reaktive Proklamation von (b) aktiver, (c) situativer und (d) aggressiver Proklamation unterschieden werden.

a. In der **reaktiven Proklamation** ist der Adressat des Evangeliums aktiv. Man teilt ihm nur dann das Evangelium mit, wenn der befreundete Mensch es ausdrücklich selbst wünscht, und geht nur so weit, wie dieser es möchte. Die aktive Proklamation sucht dagegen bewusst jede Chance, um das Evangelium an den Mann und die Frau zu bringen. Reaktive Formen der Proklamation setzen in der Regel auf Lebenszeugnis. Hier wird das Evangelium bewusst vorgelebt. Nicht plakativ und doch deutlich sichtbar. Die Menschen sollen sehen, dass der Christ Jesus nachfolgt. Nur so werden sie früher oder später ihre Fragen stellen und nur so erhält der Evangelist die Möglichkeit, sich zu erklären, und somit die Chance, den Betroffenen zu Jesus zu führen. Reaktive Proklamation will letztendlich Menschen zur bewussten Entscheidung für die Nachfolge Christi gewinnen.

202 Graham 1984:31f.
203 Singlehurst 1994;14.

Klassisch reaktiv proklamiert Petrus das Evangelium in Jerusalem, nachdem er zusammen mit Johannes den Lahmen vor der schönen Pforte des Tempels geheilt hat und dieser durch seine Freudenbekundung im Tempel Aufruhr verursacht. Petrus erklärt, was Gott durch Jesus Christus an diesem Mann getan hat. Er predigt das Evangelium, nachdem dieses in der Heilung des Lahmen seinen Ausdruck gefunden hatte und Menschen Fragen stellen. Eine große Masse von Menschen folgt seinem Aufruf zur Entscheidung in die Nachfolge Jesu (Apg. 3-4).
Man darf reaktive Proklamation somit nicht mit passiver verwechseln. Hier ist die Vermittlung des Wortes vom Heil gewollt, auch wenn immer auf die entsprechende Frage des betroffenen Menschen gewartet wird.

b. In der **aktiven Proklamation** bemüht man sich „auf vielerlei Art und Weise“[204] um die verbale und non-verbale Streuung des Evangeliums in den Alltag der Menschen. Das können Veranstaltungen zu Lebens- und Gesellschaftsfragen sein, in denen man aus christlicher Sicht zu bestimmten Themen Stellung bezieht. Dabei kann es sich um Vortragsabende, Theater, Konzerte, Kunstausstellungen etc. handeln. Oder man bietet den Menschen Bücher- und Schriftentische an, wirbt auf Plakatwänden, in den Medien und im Internet für den Glauben. Oder man besucht seine eigenen Nachbarn, Kollegen und Freunde und spricht diese bewusst auf den Glauben an.
In der aktiven Proklamation ist nicht der Betroffene, sondern der Evangelist aktiv. Er fordert die Fragen des Zuhörers regelrecht heraus. Aktive Proklamation meidet jedoch jeden Druck. Auch hier ist die Bekehrung des Gegenübers das erklärte Ziel, aber die Bekehrung wird nicht erzwungen, sondern man lässt die Entscheidung im andern wie eine Frucht reifen, ohne sie jedoch dem Zufall zu überlassen. Der Evangelist wird sich immer wieder darum bemühen, aktiv in den Reifeprozess des Menschen einzugreifen und diesen, wo es möglich ist, zu beschleu-

204 Singlehurst 1994:14.

nigen. An dieser Stelle wird gerne die Metapher vom Säen und Ernten bemüht.[205]

c. Eine besondere Rolle kommt in der gesellschaftsrelevanten Gemeindearbeit der situativen Evangelisation zu. Wer mit Menschen in transformativen Prozessen steht, erhält immer wieder unerwartete Gelegenheiten, den eigenen Glauben ins Bewusstsein dieser Menschen zu bringen. Man spricht an dieser Stelle auch von der situativen Verkündigung. In der angelsächsischen Literatur benutzt man dafür den Ausdruck „Apt Liturgy" (Situationsliturgie), die nach John O'Donohue „ein Dienst des Aufweckens ist, der den Menschen hilft, über ihre Alltagsroutine hinaus ihren ewigen Ursprung und ihre Bestimmung zu erkennen".[206] In ihr trifft die Geschichte des Evangeliums auf die Geschichte des betroffenen Menschen, nimmt sie auf und verleiht ihr jene Tiefe, die das Nachdenken und potenziell auch das Gespräch über den Sinn des Daseins, Gott und Mensch ermöglicht.[207]
Situationen, die sich für die situative Verkündigung eignen, können ganz unterschiedlicher Natur sein. Menschen, mit denen wir befreundet sind, geraten in schwierige persönliche Lebenslagen, sie verlieren ihnen nahestehende Freunde oder Verwandte oder geraten plötzlich in Stress-Situationen. Und da ist ein liebevoller Beistand gefragt. Wenn sich dann Möglichkeiten ergeben, am Beispiel des Evangeliums zu zeigen, wie solche Situationen gemeistert werden können, dann nimmt die situative Verkündigung ihren Lauf.
Die Situationsverkündigung ist ein essenziell öffentliches Ereignis und sie muss deshalb die kontextuellen Bedingungen, in denen dieses Ereignis stattfindet, berücksichtigen. Die Menschen, denen man verkündigt, ihre Lebenssituation und vor allem der Anlass, der die Verkündigung ermöglicht, setzen dem, was man

205 Singlehurst 1994:15f. Siehe auch das Arbeitsbuch „Evangelisation und Jüngerschaft" von BAO (Evangelisation 1987:21ff).

206 O'Donohue 1998:325.

207 Morisy 2006.

sagt und wie man es sagt, enge Grenzen. Sie muss den Menschen in ihrer Situation helfen, das aktuelle Anliegen mit dem Heranziehen evangelischer Inhalte lösen zu können. Situationsverkündigung ist niemals aggressiv. Sie ist vor allem ein pastorales Vorgehen, vergleichbar mit der Notfallseelsorge. Man steht dem Menschen in seiner Lebenslage bei, und zwar bewusst als Nachfolger Jesu. Die Christus-Story wird als Ermutigung, Trost und Perspektive ins Gespräch gebracht. Und die Lebenslage des Menschen darf nicht als billiger Köder missbraucht werden, sondern sie bietet den Boden dafür, positive Bilder und Symbole in die Erlebniswelt des Betroffenen zu setzen und somit Hoffnung für den nächsten Schritt zu vermitteln.
Situative Evangelisation rückt damit sehr nahe an eine öffentlich angebotene Seelsorge und Lebensberatung. Wie effektiv eine solche Methode sein kann, zeigt die Auswertung der evangelistischen Methoden in den Kirchen und Gemeinden Kanadas. Hier kam Evangelisation durch Counseling (Beratung/Seelsorge) auf den dritten Platz. Mehr als 30 % der Befragten gaben an, über Counseling zum Glauben an Jesus gekommen zu sein.[208]

d. **Aggressive Proklamation** zeichnet sich dagegen durch Ungeduld aus. Ihre Vertreter suchen immer den direkten Weg zum Herzen der Menschen und werden schon nach wenigen Begegnungen oder gar Worten die Einladung zur Bekehrung aussprechen. Klassische Evangelisationsabende sind hierfür ein Beispiel. Hier werden Menschen eingeladen, über Themen des Lebens nachzudenken, und am Ende des Abends direkt mit der Lebensübergabe konfrontiert. Ist der Mensch vorbereitet, eine solche Übergabe nachzuvollziehen, so hat der Abend sein Ziel erreicht. Ist er jedoch nicht vorbereitet, so kann der aufgebaute Druck als Manipulation missverstanden werden und statt zur Bekehrung kommt es zur Verhärtung des Herzens. Aggressive Evangelisation hat deshalb wie alle anderen Formen proklamativer Evangelisation ihre Chancen und Grenzen.

208 Motz 1990:183.

Wichtig ist zu verstehen, dass keine evangelistische Methode ohne Proklamation auskommen wird, wenn sie ihrem Anliegen gerecht bleiben will. Menschen müssen die Botschaft vom Heil in Jesus hören, denn der „Glaube kommt aus dem Gehörten und das Gehörte aus dem gesprochenen Wort Gottes" (Röm. 10,10ff). Wer Glauben verbreiten will, der muss das Wort von Christus hören und dann so weitergeben, dass es von den Menschen als Wort Gottes verstanden wird. Verbale Verkündigung hat somit eine „zentrale" Stellung im Prozess der Evangelisation,[209] auch wenn man sicher nicht von prioritärer Stellung reden kann. Man wird weise abwägen müssen, wo man passiv, wo aktiv, situativ oder gar aggressiv Menschen mit dem Evangelium konfrontiert.

6.3.3. Integrative Evangelisation?

Menschen anderen Glaubens werden zu Nachfolgern, weil sie das Evangelium sehen, man es ihnen vorlebt und ihnen erklärt. So gesehen verlangt Evangelisation nach einem mehrdimensionalen Zugang. Präsentische und proklamative Elemente gehören dazu. Beides ist notwendig, wenn Menschen in all ihrer Unterschiedlichkeit und Haltung dem Christentum gegenüber zum Glauben an Jesus geführt werden sollen. Um mit den Worten von Michael Herbst zu sprechen: Wir brauchen den „Mut zum missionarischen Plural"[210] in der Art und Weise, wie wir das Evangelium zu den Menschen in der nichtchristlichen Welt bringen. Die drei Bereiche Leben, Gemeinschaft und Zeugnis müssen zu einem harmonischen Ganzen werden, wenn Evangelisation fruchtbar werden soll.[211]

In der Missionstheologie hat man an dieser Stelle den Begriff „Haushalt-Evangelisation"[212] eingeführt. Wobei mit Haushalt nicht nur ein Familienzusammenhang, sondern eher eine Lebens-

209 Klaiber 1990:234f.

210 Herbst 2008:69.

211 Petersen 1987:102ff.

212 Siehe z. B. Runyon 1998:218ff.

gemeinschaft überhaupt gemeint ist.[213] Das Konzept leitet sich vom biblischen Oikos-Begriff ab und spürt der Evangelisation in den Häusern nach, wie sie zur Zeit der ersten Christen üblich war.[214] Eine solche Evangelisation öffnete die privaten Lebensräume weit und lud den entsprechenden Freundeskreis ein, diese Räume mitzunutzen. Ein solches Zusammenleben ermöglichte bald die Entstehung eines Vertrauensverhältnisses in gemeinsamen Lebensräumen und für den Christen Räume für Zeugnis in Wort und Tat. Mark R. Gornik, der sich wie wenige andere mit dem Aufbau von missionarischen Gemeinden in der Innenstadt beschäftigt hat, redet von den drei Dimensionen des Gemeindelebens, die er als Reich-Gottes-Leben, allgemeines Leben und zeugnishaftes Leben beschreibt.[215] Dabei geht es ihm um eine Lebensweise der Gemeinde, die alle Bereiche ihres Daseins und des Daseins ihrer Mitglieder umschließt. Jeder und alle sind für das evangelistische Zeugnis der Gemeinde wichtig. Alle können zum Evangelium beitragen. Die einen mit ihrem Leben, die anderen mit ihren Taten und wiederum andere mit ihren wohl formulierten Worten. So wird die Gemeinde zu einem „auskunftsfähigen Wir“[216]. Und nur so kann sie ihrem evangelistischen Anspruch, eine „Gemeinde für die Straße“ zu sein, gerecht werden.[217]

Einen solchen integrativen, multidimensionalen Ansatz beschreiben auch die meisten Lausanne Occasional Papers (LOP), die in einer Reihe von internationalen Konsultationen im Bezug auf die Evangelisation Andersgläubiger im Laufe der letzten Jahrzehnte unter der Führung des Lausanner Komitees für Weltevangelisation (LKWE) entstanden sind.[218] Ähnlich gehen erfolgreiche Evangelisationsprogramme im Ausland vor. Arnell Motz stellt z. B. in den meisten von ihm untersuchten, wachsenden, evangeli-

213 Ebd: 219.

214 Green 1970:194-228; Runyon 1998:219f.

215 Gornik 2002:65-95.

216 Herbst 2008:71.

217 Ebd:65.

218 LOPs gibt es zu den meisten Religionen und Ideologien der Welt und die Texte sind frei im Internet verfügbar. Siehe: http://www.lausanne.org/en/documents/lops.html. (1.10.2013).

sierenden Gemeinden Kanadas den bewussten Einsatz sowohl präsentischer als auch proklamativer Evangelisationsmethoden fest.[219]

6.3.4. Praxiszyklus der Evangelisation

Integrative Evangelisation findet nie über Nacht statt. „Die meisten Menschen machen auf dem Weg zur Entscheidung eine Entwicklung durch."[220] Je fremder den Betroffenen die Welt des christlichen Glaubens ist, desto länger wird es dauern, bis sie das Evangelium verstehen und annehmen können. Ein weiser Evangelist wird sich den Menschen mit Bedacht nähern und je nach der persönlichen Empfänglichkeit seines Hörers passiv oder doch eher aktiv evangelisieren. Die Menschen sehen unsere guten Taten, bewegen diese in ihren Herzen und erst dann hören sie die Worte, die wir sprechen, und können sie eventuell annehmen. „Bekehrung erfolgt Schritt für Schritt", bemerkt Jim Petersen.[221] Das gilt generell für jeden Menschen und ganz besonders für diejenigen, die ihre eigenen religiösen Überzeugungen haben.

Evangelisation so verstanden ist ein zyklischer Prozess, der von der Präsenz über passive und situativ-aktive bis hin zu aggressiver Verkündigung reicht. Johann Lukasse vergleicht einen solchen Prozess mit der Bestellung eines Feldes in der Landwirtschaft. Hier wird das Land erst kultiviert, dann wird gesät, dann werden die Pflanzen gepflegt und erst später nach monatelanger Arbeit auf dem Feld wird die Ernte eingefahren.[222] Abkürzungen jeder Art sind an dieser Stelle unangebracht, ja sogar lebensgefährlich. Wer zu früh erntet, läuft Gefahr, unreife und deshalb ungenießbare Frucht zu ernten. Und Walter Brüggemann bemüht an dieser Stelle das Bild einer dramatischen Aufführung. Evangelisation als Drama, so Brüggemann, gestaltet sich in drei Akten.[223] Der erste Akt findet im Leben des Menschen vor seiner Erstbegegnung

219 Motz 1990a:180.
220 Singlehurst 1994:14. Siehe auch Mittelberg 2001:65.
221 Petersen 1989:147.
222 Lukasse 2010:89ff.
223 Brüggemann 1993:16.

mit der Botschaft statt. Hier entwickelt sich jene Lebensfolie, auf deren Hintergrund die Erscheinung des Botschafters mit seiner Botschaft erst Sinn macht.[224] Im zweiten Akt tritt der Botschafter auf den Plan und verkündet seine Botschaft. Sie wird von den Betroffenen verstanden.[225] Und schließlich ist es der Empfänger der Botschaft, der im dritten Akt seine Antwort findet.[226]

Beide Bilder machen eines deutlich: Evangelisation ist ein weit komplexeres Geschehen als die bloß verbale Mitteilung einer als Gute Nachricht verstandenen Botschaft. Ein solcher Prozess setzt Zeit voraus. Bernd Schlottoff empfiehlt deshalb, „langfristig missionarische Gemeinde" zu bauen. Er geht von einem Zehnjahresplan aus, den die Gemeinde denken muss, wenn sie missionarisch und evangelistisch erfolgreich sein möchte.[227] Andere bestätigen seine Annahmen.[228] Und wenn ein so langer Atem im „christlichen Europa" als Bedingung empfunden wird, wie viel mehr noch in Ländern und Kontexten, die sich nicht in einer vom Christentum geprägten Kultur entwickelt haben. Jedenfalls erweisen sich kurzfristige Pläne in der Regel als problematisch und wenig effektiv. Und Evangelisation, die so komplex zu denken ist, braucht unterschiedliche Mitarbeiter. Hier ist der Einsatz des ganzes Leibes Christi, der ganzen Gemeinde, vonnöten. Jim Petersen spricht deshalb auch von der „Evangelisation als Team Effort".[229] Nur da, wo alle Gaben der Gemeinden konzentriert auf die evangelistische Aufgabe der Gemeinde zum Einsatz kommen, entsteht bleibende Frucht.[230]

Das Gesagte kann man im Zyklus darstellen, der die unterschiedlichen evangelistischen Zugänge aufeinander bezieht und in ein Gesamtgeschehen einbaut, das auf das Ziel ausgerichtet ist: die Transformation des Betroffenen in ein von Christus beherrschtes Leben.

---

224 Ebd:17.
225 Ebd:17f.
226 Ebd:18f.
227 Schlottoff 2011:195ff.
228 Keller 2002:73ff; Mittelberg 2001:70ff.
229 Petersen 1989:139.
230 Ebd:140ff.

Praxiszyklus der Evangelisation

6.4. Zyklus evangelistischer Verkündigung (ZEV)

Die evangelistische Verkündigung ist als ein zyklischer Prozess zu verstehen.[231] Dieser Zyklus beginnt da, wo sich die Menschen befinden, und führt sie dahin, wo Gott sie haben will".[232] Hier wird die „Distanz zwischen Indifferenz und Glauben"[233] überbrückt. Man kann auch vom Evangelisationsplan der Gemeinde reden.[234]

Der evangelistische Leiter einer Gemeinde wird darauf achten müssen, dass die von der Gemeinde angesprochenen Menschen

231 Siehe dazu Reimer 2004:97.

232 Lukasse 2010:99.

233 Petersen 1989:153.

234 Motz (1990:184f) stellt fest, dass sich in den meisten wachsenden evangelistischen Gemeinden Nordamerikas solche Pläne als überaus hilfreich erwiesen haben, da sie die Evangelisation der Gemeinde nicht nur systematisieren, sondern sie es auch dem einzelnen Mitglied der Gemeinde wesentlich erleichtern, seine eigene Rolle in der Evangelisation zu finden.

ihrem Lebenskontext entsprechend angesprochen werden. Hier wird entschieden, in welcher Art und Weise das Evangelium den Adressaten erreicht. Die Gemeinde muss sich dabei ihrer Gesamtvision immer bewusst bleiben, wie das folgende Diagramm verdeutlicht. Der ZEV beinhaltet also folgende Schritte:

a. Vision: Was ist unsere Botschaft?

Wer evangelisieren will, der sollte wissen, was damit verbunden ist. Effektive Evangelisation kann nur dann stattfinden, wenn die evangelisierende Gemeinde über ein Evangelisationsverständnis verfügt. Und ein solches Verständnis schließt einfache Fragen ein, auf die die Gemeinde Antworten haben sollte. Was sollte der Hörende verstanden haben, um sein Leben unter die Führung Jesu Christi zu stellen? Welche Offenbarungsinhalte muss er gehört und prozessiert haben, um zur Erkenntnis der Wahrheit zu gelangen? Als Heide ist er aufgrund seines Unwissens von Gott getrennt (Eph. 4,17). Was muss der Mensch wissen, um den Zustand der Gottlosigkeit zu überwinden? Und was muss die Gemeinde darüber wissen?

Die theologischen Fundamente der Evangelisation, wie sie im ersten Teil dieses Buches diskutiert worden sind, werden hier bedeutsam. Und sie sollten nicht nur von den Leitern, sondern von der Gesamtgemeinde verstanden werden. Es ist sehr wichtig, das Evangelisationsverständnis und die entsprechende Begründung aus der Heiligen Schrift schriftlich festzuhalten. Ein solches Verständnis sollte einen wichtigen Teil des Gemeindehandbuchs bilden.[235]

b. Kontext: Wer ist unser Empfänger?

Wer evangelisieren will, der wird sich mit den Menschen auseinandersetzen müssen, die man zu evangelisieren beabsichtigt. Alle

235 Unter einem Gemeindehandbuch verstehe ich eine Sammlung der wichtigsten Beschlüsse und Dokumente einer Gemeinde. Hier findet man die Satzung der Gemeinde, die Struktur-Dokumente oder auch wichtige theologische Begründungen für das in der Gemeinde gelebte Glaubensbekenntnis. Jedes Gemeindeglied sollte über ein solches Gemeindehandbuch verfügen.

Menschen sind ohne Gott verloren (Röm. 3,23). Aber nicht alle Menschen sind sich in ihrer religiösen Ansprechbarkeit ähnlich. Der Evangelist muss also wissen, wo sich sein Hörer befindet, wenn er das Evangelium sinnvoll verkündigen will. In welcher Situation lebt der Hörer? Welchem Kulturkreis gehört er an? Wie gebildet ist er? Welche Sprachen spricht er? Wo finden wir ihn? Welche Bedürfnisse hat er? Was sind seine religiösen Überzeugungen? Inwieweit stimmen diese mit der Bibel überein? Gibt es Gemeinsamkeiten? Können daraus Anknüpfungspunkte für einen Dialog in Wort und Tat entstehen?

Diese Fragen sind enorm wichtig, weil sie die Parameter der Evangelisation abstecken. Das Evangelium drängt in die Lebenswelt seiner Hörer. Und es kann nur in der realen Welt realer Menschen real Fuß fassen. Deshalb wird sich die evangelisierende Gemeinde mit dem Kontext ihrer Hörer auseinandersetzen. Ohne Kontextanalyse ist keine verständliche Evangeliumsvermittlung und damit auch keine effektive Evangelisation möglich.[236]

c. Text: Was versteht unser Empfänger?

Wer evangelisieren will, der braucht einen verständlichen Text. Unsere Zuhörer befinden sich auf unterschiedlichen Verständnisstufen. Um sie mit dem Evangelium adäquat zu erreichen, bedarf es der Erkenntnis, wie man Menschen auf den unterschiedlichen Stufen religiöser Offenheit effektiv ansprechen kann. Welche Grundbegriffe des Glaubens sind ihnen verständlich? Was könnten sie missverstehen und warum? Wo sollte erst vorgelebt, wo gedient und wo geredet werden? Und wie sagen wir das, was unser Gegenüber schon verstehen kann?

Eine evangelisierende Gemeinde wird sich Kenntnisse erwerben müssen, wie man Menschen auf unterschiedlichem Niveau erreicht. Sie wird sich Quellen erschließen, die diese Gebiete abdecken können. Dabei wird schnell deutlich, dass es nicht um einen Text gehen

236 Eine hervorragende Hilfe bietet der evangelisierenden Gemeinde die von Tobias Faix und Johannes Reimer herausgebrachte Einführung in die Kontextanalyse, die unter dem Titel „Die Welt verstehen" 2012 erschien (siehe Faix 2012).

kann. Menschen auf unterschiedlichen Stufen der religiösen Ansprechbarkeit werden einen jeweils eigenen Zugang brauchen.

d. Training: Was macht wer, wann und wo?

Wer evangelisieren will, der wird sich darauf vorbereiten müssen. Die Botschaft steht fest und der Hörer ist in seiner Situation beschrieben worden, nun kann mit der Planung des Evangelisationstrainings in der Gemeinde begonnen werden. Dabei ist wichtig, dass der ganze Leib für die ganze Aufgabe zum Einsatz kommt. Jeder muss in der Evangelisation seinen Platz finden und es ist die Aufgabe des leitenden Evangelisten, diesen Platz zu definieren und Freiräume zu schaffen, die den Dienst möglich machen. Eine evangelistische Gemeinde kommt nicht ohne Training und gute Vorbereitung ihrer Mitarbeiter aus.

e. Verkündigung

Wer evangelisieren will, der muss verkündigen. Freilich ist damit nicht nur die Predigt als verbaler Beitrag allein gemeint. Verkündigung kann in Tat und Wort geschehen. Je nach Empfänglichkeits-Stufe wird dies in unterschiedlicher Art und Weise geschehen und jeder in der Gemeinde wird seinen Gaben entsprechend unterschiedliche Aufgaben übernehmen. Doch unter der Anleitung des Evangelisten werden alle dem gleichen Ziel unterstellt sein.

Ein guter Evangelisationsplan wird laufend angepasst, sowohl was die Schulung betrifft als auch beim aktuellen Einsatz auf dem Evangelisationsfeld. Deshalb sieht der ZEV auch Phasen der Neuorientierung vor.

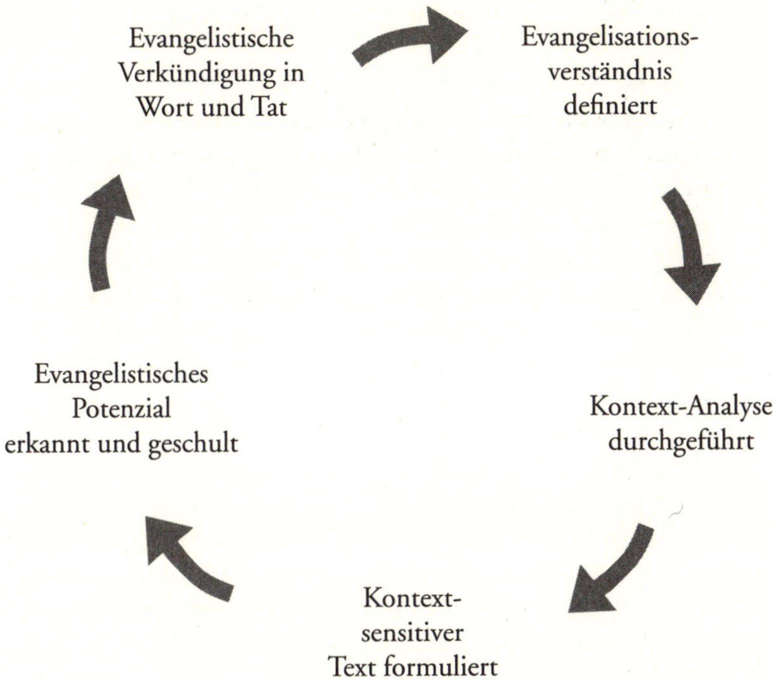

Zyklus evangelistischer Verkündigung

6.5. Kostbare Nachfolge

Wir wollen Menschen anderen Glaubens zu Jesus führen. Dabei muss uns klar sein, was wir ihnen da zumuten. Leicht ist eine solche Konversion jedenfalls nicht. Und in vielen Situationen ist sie gar lebensbedrohend. Wer sich Jesus zuwendet, wendet sich von den „Abgöttern zu Gott" (1Thess. 1,9) und damit von den Göttern seiner alten Religion ab. Apostasie wird aber in keiner Religion einfach geduldet. In der Regel werden Apostaten verfolgt, aus der Gemeinschaft vertrieben, ja sogar getötet. Im Islam zum Beispiel wird Abfall (Ridda) von der rechten Lehre mit der Todesstrafe belegt[237], mit den entsprechenden Konsequenzen für das Jenseits. Da heißt es in der Übersetzung von Rudi Paret: „Diejenigen, die an Gott nicht glauben, nachdem sie gläubig waren … nein, diejenigen, die (frei und ungezwungen) dem Unglauben in sich Raum geben, über die kommt Gottes Zorn (w. Zorn von Gott) und sie haben (dereinst) eine gewaltige Strafe zu erwarten" (Sura 16,106)[238], und Menschen, die Muslime zum Abfall bewegen, werden verfolgt (Sura 8,39).

Ähnlich verhalten sich viele andere Kulturen. Abwendung vom eigenen Glauben wird sanktioniert. Konvertiten haben daher immer mit Verfolgung und Verbannung zu rechnen. Das macht das offene Gespräch und den Austausch mit den Kulturen und ihren Religionen unbedingt notwendig. Wie wir oben gesehen haben, ist aber jeder Dialog und jede Kontextualisierung, die das Schicksal der Konvertiten zu erleichtern sucht, auf entsprechende Limitationen festgelegt. Der neue christliche Glaube wird Reaktionen hervorrufen, wenn er echt ist. Wir, die wir diese Menschen dafür zu überzeugen suchen, sollten uns der Tragweite unserer Aktionen bewusst sein und entsprechende Räume schaffen, die Geborgenheit und, wenn möglich, auch Sicherheit bieten.

237 Heffening: 635; Ende 1989:190.
238 Khoury 2007:80.

Bibliografie

Abdul-Rauf, Muhammad. 2001. Outsiders' Interpretations of Islam: A Muslim's Point of View. In: *Approaches to Islam in Religious Studies.* ed Richard C Martin. Oxford: Oneworld publications.

Accad, Fouad Elias. 1997. *Building Bridges: Christianity and Islam.* Colorado Springs, CO.: NavPress.

Adams, Edward und Horrell, David G. Hrsg. 2004. *Christianity at Corinth. The Quest for the Pauline Church.* Louisville/London: Westminster/John Knox.

Ahn, Che. 2006. *Fire Evangelism. Reaching the Lost through Love and Power.* Grand Rapids: Chosen.

Anderson, John C.D. 1976. „The Missionary Approach to Islam: Christian or ‚Cultic'?" In: *Missiology – An International Review,* vol. 4 (July 1976), 285-300.

Bardy, Gustav. 1988. *Menschen werden Christen.* Freiburg i. Br.: Herder.

Becker, Jürgen. 1989. *Paulus. Der Apostel der Völker.* Tübingen: J. C. B. Mohr.

Bernhardt, Reinhold. 1993. *Absolutheitsanspruch des Christentums. Von der Aufklärung zur pluralistischen Theologie.* Gütersloh: Gerd Mohn.

------. 2006. *Ende des Dialogs? Die Begegnung der Religionen und ihre theologische Reflexion.* Beiträge zu einer Theologie der Religionen, Bd. 2. Zürich: Theologischer Verlag Zürich.

Betz, Hans Dieter, u.a. 1998. *Religion in Geschichte und Gegenwart.* Tübingen: J. C. B. Mohr.

Beyerhaus, Peter. 1969, „Zur Theologie der Religionen im Protestantismus". In: *Kerygma und Dogma* 15/1969, 87-104.

Bonk, Jonathan. 2008. „Salvation, Other Religions and Mission: Reflection on the Legacy of Christendom and Asian Understanding of Salvation." In: *Asian Missiology,* vol. 2:1, 99-132.

Bosch, David J. 1991. *Transforming Mission. Paradigm Shifts in Theology of Mission.* Maryknoll: Orbis.

Bridges, Erich. 1997. „Of ‚Jesus Mosques' and Muslim Christians." In: *Mission Frontiers* (July–October 1997).

Brown, Rick. 2000. „What Must One Believe about Jesus for Salvation?". In: *International Journal of Frontier Missions,* vol. 17:4 (Winter 2000).

------. 2006. „Contextualization without Syncretism." In: *International Journal of Frontier Missions,* vol. 23:3 (July–September 2006), 127-133.

------. 2007. „Brother Jacob and Master Isaac. How One Insider Movement began." In: *International Journal of Frontier Missions,* vol. 24:1 (January-March 2007), 41-42.

Bruce, F. F. 1977. *Paul. Apostle of the Heart set Free.* London: Paternoster Press.

------. 1990. *The Acts of the Apostles. Greek Text with Introduction and Commentary.* 3rd revised and enlarged edition. Grand Rapids: Eerdmans.

Brüggemann, Walter 1993. *Biblical Perspectives on Evangelism. Living in a Three-Stored Universe.* Nashville: Abingdon Press.

Burkhardt, Helmut. 1981. *Das biblische Zeugnis von der Wiedergeburt.* (*Theologie und Dienst,* Heft 5) 2. bearbeitete Auflage, Brunnen, Gießen/Basel.

Butcher, Andy. „Radical Missionary Approach Produces ‚Messianic Muslims' Who Claim to Retain their Islamic Identity." In: www.beliefnet.com.

Coenen, Lothar. Hrsg. 1993. *Theologisches Begriffslexikon zum NT.* Wuppertal: Brockhaus Verlag.

Comfort, Ray. 1995. *Everyday Evangelism.* Huntington: Lafayette,

Conn, Harvey. 1979. „The Muslim Convert and His Culture". In: *The Gospel and Islam,* hrsg. von Don McCurry. Monrovia: MARC, 61-77.

Corwin, Gary. 2007. „The Jerusalem Council Applied. A Humble Appeal to C5/Insider Movement Muslim Ministry Advocates to Consider Ten Questions." In: *International Journal of Frontier Missions,* vol. 24:1 (Spring 2007), 5-20.

Dayton, Edward and Fraser, D. A. 1990. *Planning Strategies for World Evangelism*. Grand Rapids: Eerdmans.

Dehn, Ulrich. 2009. *Handbuch: Dialog der Religionen. Christliche Quellen zur Religionstheologie und zum interreligiösen Dialog.* Frankfurt: Lembeck.

Denzinger, H. (Begründer)/Hünermann, P. (Herausgeber).1999. *Enchiridion symbolorum, definitionum et declarationum de rebus fidei et morum/ Kompendium der Glaubensbekenntnisse und kirchlichen Lehrentscheidungen.* Freiburg-Basel-Rom-Wien: Herder.

Ende, Werner und Steinbach, Udo. Hrsg. *Der Islam in der Gegenwart*, München: C. H. Beck Verlag.

Evangelisation. 1987. *Evangelisation und Jüngerschaft. Ein Arbeitsbuch.* Wien: BAO.

Faix, Tobias und Reimer, Johannes. Hrsg. 2012. *Die Welt verstehen. Kontextanalyse als Sehhilfe für die Gemeinde.* Transformationsstudien Bd. 3. Marburg: Francke.

Fee, Gordon.1987. *The First Epistle to the Corinthians.* Grand Rapids: Eerdmans.

Flamming, Dean. 2005. *Contextualization in the New Testament.* Downers Grove: Intervarsity Press.

Frend, William H. C. & al. 1980. Art. Bekehrung I. Alte Kirche und Mittelalter II. 16. bis 20. Jahrhundert II/1. Reformationszeit II/2. Von 1577 bis zum Beginn des 20. Jahrhunderts III. Systematisch-theologisch IV. Praktisch-theologisch V. Religionsgeschichtlich. In: *Theologische Realenzyklopädie*, Bd.5.

Garrison, David. oJ. Gemeindegründungsbewegungen. In: www.organischegemeinde.de/wp-content/uploads/2014/03/Gemeindegründungsbewegungen_David-Garrison_2013.pdf. (20.10.2014).

Gaudium et Spes. Pastorale Konstitution. Über die Kirche in der Welt von heute. In: www.vatican.va/archive/hist_councils/ii_vatican_council/documents/vat-ii_const_19651207_gaudium-et-spes_ge.html (1.10.2014).

Gennep, Arnold von. 2005. *Übergangsriten.* 3. erweiterte Auflage. Frankfurt/New York: Campus.

Gensichen, Hans Werner. 1971. *Glaube für die Welt. Theologische Aspekte der Mission heute.* Gütersloh: Mohn Verlag.

Gilliland, Dean.1989. *The Word among us, contextualizing theology for mission today.* Eugene: Wipf and Stock Publishers.

------. 1998. „Context is critical in ‚Islampur Case'". In: *EMQ*, vol. 34:4 (October 1998).

Gnilka, Joachim. 1996. *Paulus von Tarsus. Zeuge und Apostel.* Herders Kommentar zum Neuen Testament. Supplementband VI. Freiburg-Basel-Wien: Herder.

Goppelt, Leonhard. 1962. *Art.* „Wiedergeburt II. Im NT", in: *RGG3*, 6. Band: Sh-Z, Tübingen, Sp.1698.

Graham, Bill. 1984. *A Biblical Standard for Evangelists.* Minneapolis: WWP.

Green, Michael. 1970. *Evangelisation zur Zeit der ersten Christen.* Stuttgart: Hänssler Verlag.

------. 1990. *Evangelism through the Local Church.* London: Hodder & Stoughton.

Goldsmith, Martin. 1976. *On Christian Mission.* Downers Grove: IVP.

Gornik, Mark R. 2002. *To Live in Peace. Biblical Faith and the Changing Inner City.* Grand Rapids: Eerdmans.

Hahn, Eberhard. 1994. „Die Einzigartigkeit Jesu Christi". In: *European Journal of Theology* 3 (1994), S. 137-144.

Hansum Jaap. 2005. Moslims voor Jesus, een evangelikale (on)-mogelijkheid, een beschrijvend missiologisch onderzoek naar een beweging op de grens, Masterthesis at Faculteit voor Protestantse Godgeleerdheid (FPG) te Brussel.

------. 2008. „Jesus-Muslime – eine (Un)möglichkeit für Evangelikale? In: *Evangelikale Missiologie* 24/3, 88-94.

Hardmeier, Roland. 2009. *Kirche ist Mission. Auf dem Weg zu einem ganzheitlichen Missionsverständnis.* Schwarzenfeld: Neufeld Verlag.

Heffening, William. *Murtadd.* In: *The Encyclopaedia of Islam.* New Edition. Bd. 7. Brill: Leiden.

Hengel, Martin. 2002. *Paulus und Jakobus.* Wissenschaftliche Untersuchungen zum Neuen Testament, Band. 141. Tübingen: Mohr & Siebeck.

Herbst, Michael. 2008. *Deine Gemeinde komme. Wachstum durch Gottes Verheißungen.* Holzgerlingen: Hänssler Verlag.

Hesselgrave, David. 1989. *Contextualization: Meanings, Methods and Models.* Grand Rapids: Baker.

Hick, John. 1973. *God and the Universe of Faiths.* London: Oneworld Publications.

Hiebert, Paul. Paul G 1994. *Anthropological Reflections on Missiological Issues.* Grand Rapids: Baker Books.

------. 2005. *Schritte einer kritischen Kontextualisierung.* Bad Liebenzell: VLM.

------. & Meneses, Eloise Hiebert. 1995. *Incarnational Ministry.* Grand Rapids: Baker Books.

Higgins, Kevin. 2004. „The Key to Insider Movements – the ‚Devoted' of Acts". In: *International Journal of Frontier Missions,* vol. 21:4, Winter 2004: 155-165.

Hille, Rolf und Troeger, Eberhard (Hrsg.). 1993. *Die Einzigartigkeit Jesu Christi als Grundlage der Theologie und missionarische Herausforderung.* Bericht der *AfeT*-Studienkonferenz 1991 in Tübingen. Wuppertal/Gießen: Brockhaus/Brunnen.

------, and Paul F. Knitter. Eds. 1994. *The Myth of Christian Uniqueness.* Maryknoll: Orbis.

Höfer, Herbert. 2005. Proclaiming a „Theologyless" Christ. In: *International Journal of Frontiers Mission* 22/3 Fall 2005: 97-100.

Hughes, Dewi Arwel. 1996. *Has God Many Names? Introduction to Religious Studies.* Northingham: Apollos.

Joest, Wilfried und Lübke, Johannes von. 2010. *Dogmatik: Dogmatik I. Die Wirklichkeit Gottes.* Bd 1. Göttingen: Vandenhoeck & Ruprecht.

Johnson, Ben Campbell. 1987. *Rethinking Evangelism. A Theological Approach.* Philadelphia: Westminster Press.

Kasdorf, Hans. 1976. *Gemeindewachstum als missionarisches Ziel.* Bad Liebenzell: VLM.

Käser, Lothar. 1997. *Fremde Kulturen.* Bad Liebenzell: VLM.

------. 2004. *Animismus. Eine Einführung in die begrifflichen Grundlagen des Welt- und Menschenbildes traditionaler (ethni-*

scher) Gesellschaften für Entwicklungshelfer und kirchliche Mitarbeiter in Übersee. Bad Liebenzell: VLM.

Keil, Carl Friedrich. 1988. *Die Bücher der Könige.* Nachdruck der 2. Aufl. Gießen: Brunnen.

Keller, Timothy and Thomson, J. J. Alan. 2002. *Redeemer Church Planting Center. Church Planter Manual.* Frankfurt a. M.: CMP.

Khoury, Adel Th. 2007. *Was sagt der Koran zum Heiligen Krieg?* Gütersloher Verlagshaus.

Kirk, Andrew. 1999. *What is Mission? Theological Explorations.* London: Darton, Longmann and Todd.

Kistemaker, Simon J. 1993. *I Corinthians.* Grand Rapids: Baker.

Klassen, Heinrich. 2003. *Zeugnishafter Lebensstil als missionarisches Mittel. In: Mission im Zeichen des Friedens. Beiträge zur Geschichte der täuferisch-mennonitischen Mission,* hrsg. von Heinrich Klassen und Johannes Reimer. Nürnberg: VTR, 239-268.

Klaiber, W. 1990. *Ruf und Antwort. Biblische Grundlagen einer Theologie der Evangelisation.* Gütersloh: Gütersloher Verlagshaus.

Knitter, Paul. 1988. *Ein Gott – Viele Religionen.* München: Kösel.

------. 1995. One Earth. Many Religions. Multifaith Dialogue and Global Responsibility, Maryknoll: Orbis.

------. 1996. Jesus and the other Names, Maryknoll: Orbis.

------. 1997. *Horizonte der Befreiung. Auf dem Weg zu einer pluralistischen Theologie der Religionen,* hrsg. V. B. Jaspert, Frankfurt a. M: Lembeck.

------. 1998. *Die Zukunft der Erde.* München: Kösel.

Kraft, Charles It. 1979. „Dynamic Equivalence Churches in Muslim Society“. In: *The Gospel and Islam,* hrsg. von Don McCurry. Monrovia: MARC: 78-92.

Kraus, Norman C. 1979. *Authentic Witness. Credibility and Authority.* Grand Rapids: Eerdmans.

Küng, Hans. 1990. *Projekt Weltethos,* München/Zürich: Piper Verlag.

------. 1999. *Spurensuche. Die Weltreligionen auf dem Weg.* München/Zürich: Piper.

Link-Wieczorek, Ulrike. 1991. *Reden von Gott in Afrika und Asien. Darstellung und Interpretation der afrikanischen Theologie im Vergleich mit der koreanischen Minjung-Theologie.* Göttingen: Vandenhoeck & Ruprecht.

Loewen, Jacob. 1977. *Culture and Human Values: Christian Intervention in Anthropological Perspective.* Pasadena: WCL.

Lumen Gentium. Dogmatische Konstitution über die Kirche (Vaticanum II). In: http://www.vatican.va/archivc/hist_councils/ii_vatican_council/documents/vat-ii_const_19641121_lumen-gentium_ge.html. (1.10.2014).

Massey, Joshua. 1999. „His Ways are Not Our Ways", *Evangelical Missions Quarterly*, vol. 35:2, (April 1999).

------. 2000. „God's Amazing Diversity. In: *International Journal of Frontier Missions* 17:1 (Spring 2000).

------. 2000a. „Messianic Muslim Followers of Jesus". In: *International Journal of Frontier Missions*, vol. 17:1 (Spring 2000).

------. 2004. „Misunderstanding C5 and the Infinite Translatability of Christ: Why C5 has been so misunderstood by its critics". In: *EMQ Unabridged* online edition (July 2004).

Lukasse, Johan und Kamp, Ted. 2010. *Divide and Multiply.* Haselt: European Church Planting Consultation.

Luzbetak, Louis J 1988. *The Church and Cultures.* Maryknoll: Orbis Books.

MacMullen, Ramsay. 1984. *Christianizing the Roman Empire A.D. 100-400.* New Haven: Yale University Press.

Mayers, Marvin K 1981. *Christianity Confronts Culture.* Grand Rapids: Zondervan.

Missionarische Kirche im multireligiösen Kontext, in: *Weltmission heute* 24, Hamburg 1996.

Mittelberg, Mark. 2001. *So wird Ihre Gemeinde ansteckend. Evangelisation und Mission neu entdeckt.* Aßlar: Gerth Medien.

Monshipouri, Mahmood 2002. „Islam and Human Rights in the Age of Globalization". In: *Islam Encountering Globalization,* ed. by Ali Mohammadi. New York: RoutledgeCurzon.

Morisy, Anne. 2006. „Apt-Liturgy. To Lift Eyes above the Horizon“. In: *Worship Window of the Urban Church*, ed. by Tim Stratford. London: SPCK.

Motz, Arnell. 1990. „How Churches are Doing Evangelism“. In: *Reclaiming a Nation. The Challenge of Evangelizing Canada in the Year 2000,* ed. by Gerald Kraft et al. Richmond: Church Leadership Library, 177-188.

Neill, Stephen. 1990. The Penguin History of the Church: A History of Christian Missions, Vol. 6. London: Penguin.

Nida, Eugene A 1990. *Message and Mission: The Communication of the Christian Faith.* Pasadena: William Carey Library.

Nikides, Bill. 2006. Evaluating „Insider Movements“: C5 (Messianic Muslims). In: St *Francis Magazine* Nr 4 (March 2006), published by Interserve and Arab Vision. www.stfrancismagazine.info. (25.09.2014).

Nostra Aetate. Erklärung über das Verhältnis der Kirche zu den nichtchristlichen Religionen (Vaticanum II). In: http://www.vatican.va/archive/hist_councils/ii_vatican_council/documents/vat-ii_decl_19651028_nostra-aetate_ge.html. (1.10.2014).

O'Donohue, John. 1998. Minding the Threshold: Towards a Theology of Priesthood in Difficult Times. In: *The Furrow* 49, 6. June 1998, 323-335.

Parshall, Phil. 1980. *New Paths in Muslim Evangelism: Evangelical Approaches to Islam.* Grand Rapids: Baker.

------. 1998. „Danger! New Directions in Contextualization. In: *EMQ,* vol. 34:4 (October 1998), 404-410.

------. 2003. *Muslim Evangelism: Contemporary Approaches to Contextualization* (Waynesboro: Ga.: Gabriel.)

Pawson, David. 1991. *Wiedergeburt. Start in ein gesundes Leben als Christ.* Projektion J, Mainz-Kastel.

Peters, George W. 1977. *Evangelisation – total, durchdringend, umfassend.* Bad Liebenzell: VLM.

Petersen, Jim.1989. *Evangelisation – ein Lebensstil.* Marburg: Francke Verlag.

Piper, John. 2006. „Minimalizing the Bible: Seekers Driven Pastors and radical Contextualization in Mission. In: *Mission Frontiers* 2006:16-17.

Pocock, Michael, Van Rheenen, Gailyn & McConnell, Douglas 2005. *The changing face of world missions.* Grand Rapids: Baker.

Rahner, Karl. 1965. *Schriften zur Theologie.* Bd. 6. Einsiedeln: Benziger.

Reese, Martha Grace. 2008. *Unbinding the Gospel. Real Life Evangelism.* 2. Edition. St. Louis: Chalice Press.

Reimer, Johannes. 2004. *Leiten durch Verkündigung. Eine unentdeckte Dimension.* Gießen: Brunnen Verlag.

------. 2009. *Die Welt umarmen. Theologie des gesellschaftsrelevanten Gemeindebaus.* Transformationsstudien Bd. 1. Marburg: Francke Verlag.

------. 2011. Der Dienst der Versöhnung – bei der Kernkompetenz ansetzen. Zur Korrelation von Gemeinwesenmediation und multikulturellem Gemeindebau. In: *Theologisches Gespräch* Heft1/2011, 19-35.

------. 2013. *Leben. Rufen. Verändern. Chancen und Herausforderungen gesellschaftstransformativer Evangelisation heute.* Transformationsstudien Bd. 5. Marburg: Francke Verlag.

Richardson, Don. 2004. *Ewigkeit in ihren Herzen.* Lahr: St. Johannis Druckerei.

Runyon, Robert D. 1998. „Principles and Methods of Household Evangelism". In: *Vital Missions Issues. Examining Challenges and Chances in World Evangelization,* ed. by Roy B. Zuck. Grand Rapids: Kregel, 218-227.

Saayman, Willem A. 1984. „Mission – what?" In: *On being Witnesses. An Introduction on Methods of Mission*, ed. by J. J. Kritzinger, P. G. J. Meiring, W. A. Saayman. Pretoria: NGKB.

Schirrmacher, Christine. 1996. „Kreuzigung und Erlösung aus islamischer Sicht". In: *Der Islam als Herausforderung für die christliche Mission*, hrsg. von Klaus W. Müller, Christine Schirrmacher, Eberhard Tröger. Edition AfeM. Mission Reports Bd. 2. Bonn: VKW, 16-35.

Schirrmacher, Thomas. Hrsg. 1999. *Kein anderer Name. Die Einzigartigkeit Jesu Christi und das Gespräch mit nichtchristlichen Religionen.* Festschrift zum 70. Geburtstag von Peter Beyerhaus. Nürnberg: VTR.

Schlottoff, Bernd. 2011. *Ein Traum von der Gemeinde. Mut zum missionarischen Gemeindebau.* Wuppertal: SCM Brockhaus.

Schnackenburg, Rudolf. 1992. *Das Johannesevangelium.* 1. Teil. Herders Theologischer Kommentar zum Neuen Testament. Freiburg-Basel-Wien: Herder.

Schneider, Gerhard. 1982. *Die Apostelgeschichte.* II. Teil. Herders Theologischer Kommentar zum Neuen Testament. Band V. Freiburg-Basel-Wien: Herder.

Schreiner, Thomas R. 2001. *Paul. Apostle of God's Glory in Christ.* Downers Grove: IVP.

Schuster, Jürgen. 2010. „Theologie im Kontext. Zur Vielfalt und Einheit kontextueller Theologien". In: *Mission und Reflexion im Kontext. Perspektiven evangelikaler Missionswissenschaft im 21. Jahrhundert. FS für Klaus W. Müller,* hrsg. von Friedemann Walldorf. Lothar Käser, Bernd Brandl. Edition AfeM. Mission Academics Bd. 31. Nürnberg: VTR, 336-256.

Seccombe, David. 1998. The New People of God. In: *Witness to the Gospel. The Theology of Acts,* hrsg. von J. Howard Marshall und David Peterson. Grand Rapids: Eerdmans, 349-372.

Singlehurst, Laurence. 1994. *„Werkzeugkiste" Evangelisation. Sieben Strategien, um unsere Mitmenschen für Christus zu gewinnen.* Biel: Jugend mit einer Mission.

Stone, Brian. 2007. *Evangelism after Christendom. The Theory and Praxis of Christian Witness.* Grand Rapids: Brasos Press.

Strähler, Reinhold. 2010. *Coming to Faith in Christ. Understanding Conversion.* Life Challenge Assistance: Nairobi-Kenia, 2010.

Sundermeier, Theo. 1999. *Was ist Religion? Religionswissenschaft im theologischen Kontext.* Gütersloh. Gütersloher Verlagshaus.

Travis, John. 1998. „Must all Muslims leave ‚Islam' to follow Jesus?" In: *Evangelical Missions Quarterly,* 34:3 (October 1998), 411-415.

------. 1998a. „The C1 to C6 Spectrum. A Practical Tool for Defining six Types of ‚Christ-centred-communities'(„C") found in the Muslim Context". In: *EMQ,* vol. 34:4 (October 1998), 407-408.

------. 2000. „Messianic Muslim Followers of Isa: A Closer Look at C5 Believers and Congregations". In: *International Journal of Frontier Missions* 17.1 (Spring 2000), 53-59.

------. und Anna. 2006. „Maximizing the Bible! Glimpses From Our Context." In: *Mission Frontiers* (January-February 2006, vol. 28:1) 22.

Tennent, Timothy C. 2006. „Followers of Jesus (Isa) in Islamic Mosques: A Closer Examination of C-5 ‚High Spectrum' Contextualization". In: *International Journal of Frontier Missions,* vol. 23:3 (July-September 2006), 101-115.

Verwer, George. 1972. *Konfrontiere Menschen mit Christus.* Stuttgart-Neuhausen: Hänssler Verlag.

Warren, Rick. 1998. *Kirche mit Vision.* Aßlar: Projektion J.

Watson, David. 2011. *Gemeindegründungsbewegungen.* 2. Auflage. Schwelm: DiM.

Werth, Martin. 2004. *Theologie der Evangelisation.* Neukirchen-Vluyn: Neukirchener Verlag.

Wengst, Klaus. 2000. *Das Johannesevangelium.* 1. Halbband: Kapitel 1-10. Stuttgart: Kohlhammer.

Williams, Mark S. 2003. „Aspects of High-Spectrum Contextualization in Ministries to Muslims". *Journal of Asian Mission,* vol. 5:1 (2003), 75-91.

Winter, Ralph. 2005. „Can We Trust Insider Movements?" In: *Mission Frontiers,* vol. 27:5 (September–October 2005).

Woodberry, J. Dudley. Ed. 1989. *Muslims & Christians on the Emmaus Road.* Monrovia: MARC.

------. 2007. „To the Muslim I became a Muslim". In: *IBMR,* vol. 24:1 (January-March 2007), 23-28.

Zweininger, Jakob. 2009. Allah oder Christus? Eine missiologische Fallstudie über die Gründe der Hinwendungen der Kyrgyzen zum Islam und Christentum. Unveröffentlichte DTh Dissertation. Pretoria: Unisa.

Weitere Buchtipps

Johannes Reimer
Leben. Rufen. Verändern.
Chancen und Herausforderungen gesellschaftstransformatorischer Evangelisation heute
Transformationsstudien 5
ISBN 978-3-86827-356-4
368 Seiten, Paperback

Evangelistisch engagierte Christen und Gemeinden haben zunehmend Mühe, ihre Zeitgenossen mit dem Evangelium zu erreichen. Kamen noch vor wenigen Jahren Tausende Besucher in Zelte, Hallen und Gemeindehäuser, so bedarf es heute größter Anstrengung, vergleichbar wenige Interessierte in eine evangelistische Veranstaltung einzuladen. Die Zeiten haben sich offensichtlich geändert und damit auch die Wege zu den Herzen der Menschen.
In seinem Buch geht Johannes Reimer diesen Fragen nach und schlägt vor, zeitgemäße Evangelisation als gesellschaftstransformierende Evangelisation zu verstehen, die das Evangelium durch Vorleben, soziales Engagement, Dialog und Proklamation verkündigt. Die Ermöglichung einer solchen Evangelisation setzt eine neue Kultur in christlichen Gemeinden voraus. Der Autor nennt sie Willkommenskultur. Das Buch führt in die theologische Begründung der Evangelisation ein und bietet praktische Beispiele, wie das Konzept gelebt und verwirklicht werden kann.

Johannes Reimer
Multikultureller Gemeindebau
Versöhnung leben
ISBN 978-3-86827-246-8
272 Seiten, Paperback

Gegen die kulturelle Vielfalt unserer Gesellschaft in Deutschland wirken die meisten christlichen Gemeinden kulturell grau, behauptet Johannes Reimer. Und etwas provokant formuliert er: „Man könnte meinen, der Meistermaler sei an der christlichen Gemeinde vorbeigegangen, spiegelt sich doch die Multikulturalität der Gesellschaft in der christlichen Gemeinde nur bedingt wider."
Der Autor wirft einen Blick auf die Gemeinde des Neuen Testaments und folgert: Nichts war ihr fremder als graue Monokulturalität. Gemeinde Jesu ist Gottes Volk, zusammengestellt aus vielen Völkern dieser Erde. Und da darf die Gemeinde Jesu in Deutschland keine Ausnahme bilden. Eine gewagte These?
Dieses Buch ist ein Impuls, eine Gesprächsvorlage, ein Diskussionsbeitrag. Darin stellt der Autor die provozierende Frage, ob die allgegenwärtige missionarische Erfolglosigkeit der christlichen Kirchen und Gemeinden auch darin begründet liegt, dass diese das Evangelium am multikulturellen Kontext vorbei leben und verkündigen. Wenn ja, dann böte sich uns ein pragmatischer Grund, ja gar eine Notwendigkeit, Gemeinden multikulturell zu bauen.

Johannes Reimer
Die Welt umarmen
Theologie des gesellschaftsrelevanten Gemeindebaus
Transformationsstudien 1
ISBN 978-3-86827-085-3
384 Seiten, Paperback

Ein Buch voller Leidenschaft für die Welt, die Gott verloren hat und die er doch liebt. Ein Buch für Menschen, die Gemeinde bauen wollen. Ein Buch für Menschen, die diakonisch arbeiten und leben möchten. Ein Buch für Menschen, die versuchen, andere mit Gott in Kontakt zu bringen.
Johannes Reimer analysiert Gemeindemodelle und macht konkrete Vorschläge für einen gesellschaftsrelevanten Gemeindebau.
Er geht aus von den anschaulichen Gemeindebildern des Neuen Testaments und untersucht ihre Auswirkungen auf das Gesellschaftsleben der ersten Jahrhunderte.
Auch in der Kirchengeschichte späterer Jahrhunderte findet er interessante Beispiele für Gemeinden, die sowohl missionarisch als auch diakonisch ihre Umgebung durchdrangen.
Schließlich beschreibt er, wie Gemeinde heute aussehen kann. So wie Gott in Jesus Mensch wurde, so sollten auch wir als seine Nachfolger mitten in der Welt leben und uns einbringen.

Alan Roxburgh
Missional
Mit Gott in der Nachbarschaft leben
Edition Emergent
ISBN 978-3-86827-322-9
208 Seiten, Paperback

Im Gegensatz zu »missionarisch« beschreibt »missional« kein Tun, sondern eine Lebenseinstellung: Menschen lassen sich in Gottes Rettungsmission hineinnehmen und bezeugen ihr Christsein ganzheitlich, indem sie sich für soziale Gerechtigkeit und Frieden, Bewahrung der Schöpfung und Evangelisation einsetzen.
Alan Roxburgh beschreibt in diesem Grundlagenbuch kompetent und praxisnah, wie ein missionaler Lebens- und Gemeindestil konkret aussieht. Dabei zeigt er sowohl die biblische Verankerung als auch die historischen Wurzeln des missionalen Konzepts auf. Vor allem jedoch beschreibt er ganz praktisch, wie Gemeinde, Arbeit und Nachbarschaft als Lebensumfelder unseres Glaubens zusammenhängen und wie wir diese missional gestalten können. Er ermutigt, Nachbarschaften und Gemeinwesen bewusst wieder zu betreten und zu entdecken, wie der Heilige Geist dort wirkt.
Ein Ermutigungsbuch für alle, die auch »am Montag« Christsein leben wollen.

Miroslav Volf
Öffentlich glauben in einer pluralistischen Gesellschaft
ISBN 978-3-86827-538-4
231 Seiten, gebunden

Christlicher Glaube ist keine Privatsache. Im Gegenteil: Das Evangelium hat höchste Relevanz für alle Aspekte und Dimensionen menschlichen Lebens und Zusammenlebens. Dazu dürfen Christen sich jedoch nicht ängstlich in die Privatsphäre von Heim und Gemeindeleben zurückziehen. Vielmehr sollten sie sich in unsere pluralistische Gesellschaft einmischen.
Miroslav Volf, Professor in Yale und international bekannter Theologe, zeigt in seinem Buch auf, wie ein öffentlich gelebter Glaube aussieht und welchen Unterschied er auf dem Marktplatz der Religionen und Weltanschauungen macht. Dazu ist auch eine kritische Selbstreflexion nötig, damit der Glaube tatsächlich tragfähig, mutig und ganzheitlich werden kann.